曹德旺：尝遍艰辛，秉承善心

刘明飞 ◎ 著

中华工商联合出版社

图书在版编目(CIP)数据

曹德旺：尝遍艰辛，秉承善心 / 刘明飞著. —北京：中华工商联合出版社，2023.7
ISBN 978-7-5158-3717-8

Ⅰ.①曹… Ⅱ.①刘… Ⅲ.①玻璃 - 化学工业 - 工业企业管理 - 经验 - 福州 Ⅳ.①F426.7

中国国家版本馆CIP数据核字（2023）第 123821 号

曹德旺：尝遍艰辛，秉承善心

作　　者	刘明飞
出 品 人	刘　刚
责任编辑	胡小英
装帧设计	华业文创
责任审读	付德华
责任印制	迈致红
出版发行	中华工商联合出版社有限责任公司
印　　刷	三河市华润印刷有限公司
版　　次	2023 年 7 月第 1 版
印　　次	2023 年 7 月第 1 次印刷
开　　本	710mm×1020mm　1/16
字　　数	160千字
印　　张	16
书　　号	ISBN 978-7-5158-3717-8
定　　价	58.00 元

服务热线：010－58301130－0（前台）
销售热线：010－58302977（网店部）
　　　　　010－58302166（门店部）
　　　　　010－58302837（馆配部、新媒体部）
　　　　　010－58302813（团购部）
地址邮编：北京市西城区西环广场 A 座
　　　　　19－20 层，100044
http://www.chgslcbs.cn
投稿热线：010－58302907（总编室）
投稿邮箱：1621239583@qq.com

工商联版图书
版权所有　侵权必究

凡本社图书出现印装质量问题，请与印务部联系。
联系电话：010－58302915

前 言
PREFACE

曹德旺，中国企业界一个如雷贯耳的名字。

他是一个尝遍艰辛的奋斗者。曹家也曾锦衣玉食，他的祖上、父亲都是从福建福清走出的著名商人，到他的父亲曹河仁，曾经做到旧上海永安百货公司的股东。他出生时正是曹家的高光时刻。但是时局不稳，曹德旺刚刚一岁时，国民党已经败象毕露，很多上海人都举家逃离上海，曹河仁夫妇也决定举家搬回福清。但是装着全部家当的货船在海上遇风暴沉没，曹家一下子陷入了三餐无以为继的境地。因为家贫，少年曹德旺受尽了乡邻冷眼，为了生活好一点，初一没读完就辍学开始讨生活，在此期间，曹德旺也受尽磨难。后来当业务员、承包玻璃厂，结婚成家等，依然是坎坷重重。可以说，在人生的前半部分，曹德旺尝遍艰辛，不过，这样的经历也成为他后来处世的经验。

他是一个成功的企业家。1987年他在福州注册成立福耀玻璃

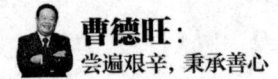
曹德旺：
尝遍艰辛，秉承善心

工业集团股份有限公司（福耀集团），这是一家生产汽车安全玻璃和工业技术玻璃的中外合资企业。发展到今天，它已经成为国内规模最大、技术水平较高、出口量最大的汽车玻璃生产供应商，产品"FY"商标是中国汽车玻璃行业迄今为止唯一的"中国驰名商标"。经过四十多年的发展，福耀集团除了在中国内地设厂外，还在中国香港地区及美国设立了子公司，并在日本、韩国、澳大利亚、俄罗斯及西欧、东欧等国家和地区设立了商务机构，是一个名副其实的跨国公司。据统计，福耀玻璃占据了国内汽车玻璃市场70%以上份额，全球市场近30%份额，市场占有率国内排名第一，世界排名第二（2020年数据）。

他是一个充满矛盾的人物。他性格刚烈，个性鲜明，一言不合就能裂目相向，与跟他合作的政府领导几乎都吵过架，骂下属、呛声合作伙伴更是家常便饭，但是绝大多数人对他的评价却是平易近人、男人本色，真正因为性格原因得罪人的时候更是少之又少；他作风独裁霸道，却又从善如流、广开言路；他历尽艰辛，奋发进取，把福耀带到了一个辉煌的高度，却又推崇"放下"，甚至投身于提倡"谦和忍让、与人为善"的佛学门下，并且造诣颇高；在中国的企业家中，他特立独行，却又圆融贯通……

他是一个有大智慧的人。曹德旺的学历严格说起来只不过是小学水平，但是学历并不能证明一个人的能力和水平。出现在公众场合的曹德旺出口成章，学识过人，具有商人的敏锐眼光和灵活头脑，同时还有知识分子的一丝傲气。

他是一个大慈善家。无论是在个人的困难时期，还是功成名就之后，他都秉承着一颗善心。在困难时期，对房东儿媳的偷盗行为采取了隐匿不报的处理方式，保护了她的名声；在生意有起色之后，他就开始捐款捐物。在1983年刚刚承办玻璃厂之初，他就为自己的母校拿出2000元来买课桌，这对当时的曹德旺来说可谓是一笔巨款；企业发展壮大后，他直接捐出所持有的福耀集团的股份，成立了"河仁慈善基金会"；到2020年，曹德旺有据可查的个人捐款已达110多亿元，是名副其实的"中国首善"。

作为一个成功的企业家，我们或许不能达到他的成就，但是我们却可以通过对他成功之路的剖析，来提高自己。孔子说过"见贤思齐焉，见不贤而内省也"，还说过"择其善者而从之，其不善者而改之"，唐太宗李世民也说过"以人为鉴，可以明得失"。这就是我们出版这本书的意义。

目 录
CONTENTS

第一章　无畏艰辛，用心做事就很容易 / 1
　　人穷不可怕，可怕的是没志气 / 2
　　坚持是一种力量 / 6
　　闯出去才能做大生意 / 11
　　创业可以失败，但人不能失信 / 15
　　目光放长远，才能越走越远 / 19
　　换位思考，将心比心 / 24

第二章　勇于开拓，做第一个吃螃蟹的人 / 29
　　抓住机会，承担风险 / 30
　　眼观全局，不计较一城得失 / 35
　　会计学对企业管理非常重要 / 39
　　打破规则，重新定义行业标准 / 45
　　做企业，要瞄准市场需求 / 49

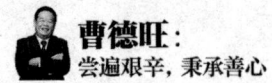

第三章　一身傲骨，有所为，有所不为 / 53

　　遵纪守法的商业智慧 / 54

　　原则面前无等级 / 57

　　突破世俗，推动改革 / 60

　　绝不妥协，倾家荡产只为一股正气 / 65

　　不要只盯着成功人士学习 / 70

　　赢得企业和社会的尊重 / 74

第四章　守成之道，企业管理价值至上 / 79

　　执行力的价值 / 80

　　最重要的是诚信 / 84

　　伟大的管理是公私分明 / 88

　　质量是真理 / 92

　　执行要民主，策略要专制 / 97

第五章　以人为本，员工是企业真正的财富 / 103

　　人才是企业的"第一资源" / 104

　　管理层不外聘，自己培养 / 108

　　让有才干的人都有发挥空间 / 113

　　人才出自认同 / 118

　　员工需要"温情文化" / 122

　　注重员工素质，直接沟通教育 / 126

第六章　客户至上，创造条件适应环境 / 131

全球化市场扩展，渠道改革 / 132

效益固然重要，环境价值更高 / 136

创新造就持久竞争力 / 141

乡镇企业也可以上市 / 147

专注铸造品牌 / 151

走出去，跟着产业链走 / 157

构建护城河，产业链垂直一体化整合 / 162

技术革新，研发投入很重要 / 167

第七章　义胜欲，企业家的道义非常重要 / 171

奇耻大辱下的以德报怨 / 172

赢在尊重供应商 / 176

与人为善，仁义为本 / 180

市场需要，奋进中扩张 / 182

西南扩张中的铁肩道义 / 186

把竞争对手变成朋友 / 190

坚持与合作伙伴共赢 / 194

坚持奋战在第一线 / 198

第八章　见微知著，赢在未来 / 205

为自己定位 / 206

重组改造，一场由内而外的危机自救 / 211

见微知著，知危不危 / 215

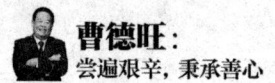

进军浮法玻璃市场的前瞻眼光 / 221

走出国门，打造世界品牌 / 226

呼吁企业自救，拒绝超负债运营 / 229

第九章 首善佛心，财富成就首善之路 / 233

做企业就是在施善 / 234

做公益不但要有善心，还要善治 / 238

心怀大爱，建立公益基金 / 242

第一章

无畏艰辛，用心做事就很容易

做任何事，都要用心，只要肯动脑筋，总会想出办法来的，这是父亲教给曹德旺的人生道理。在曹德旺走向成功的道路上，始终铭记着父亲对他的教诲，也正是这句话为他种下了一颗不甘贫穷，敢打敢拼的进取之心。此后，无论处境如何艰辛，他总能摆正自己的心态，用心做事。在他看来，有多少心就能办多少事，只要是能葆有本心，摆正心态做事，做任何事情都会变得容易。

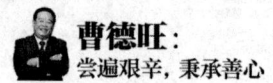
曹德旺：
尝遍艰辛，秉承善心

人穷不可怕，可怕的是没志气

从福清首富到一贫如洗，家族的大起大落和跌宕起伏，让曹德旺在小小的年纪就吃尽苦头，尝尽了人间冷暖。但也是这样的遭遇，让曹德旺拥有了一颗不甘贫穷的心，才成就了后来的"中国首富"和"中国玻璃大王"。

1947年，是曹德旺出生的第二年，也是曹家走向衰败的第一年。这一年，时局的动荡让曹德旺的父亲决定带着全家老小回到福清老家暂时避难。谁能想到，就是这个决定，改变了曹家以后的命运。曹父用来装运家产的机动铁壳船在海上遭遇了风暴，不幸沉没，曹家所有的家当，全都没了！一夜之间，殷实富足的曹家变得一贫如洗。

幸运的是，曹德旺的母亲是地主家的千金，她有很多嫁妆。返回家乡的时候，她把这些嫁妆变成了可以随身携带的细软。此时，这些金银珠宝就成了曹家唯一的救命稻草。曹德旺的母亲便用这些钱在福清高山镇买了一块宅基地，盖了一幢二层小楼，又买了几十亩地，自此一家人得以有了安身之所。但曹德旺的父亲是一个留日的儒商、知识分子，他懂得学问，也懂得经商，但是并不懂怎么种地。纵使在高山镇买了再多的地，仍是英雄无用武之地。而且高山镇的土地非常贫瘠，只能够种一些抗旱的红薯、花生，难以解决全家的口粮问题，日子过得很是艰难。万般无奈之下，曹德旺的父亲只能出门做生意淘金。

然而，男主人的离开，让家里的生活变得更加艰辛。

曹德旺兄弟姊妹六人，面对等着吃饭的孩子，曹德旺的母亲只能用自己柔弱的肩膀努力撑起整个家。自曹德旺记事起，自家的生活就一直饱含艰辛：每天只能吃两顿饭，而两餐也经常是一些汤汤水水。因此，他和兄弟姐妹总是处于挨饿的状态，看见什么都想吃。最艰苦的时候，曹妈妈甚至会拿花生壳磨成粉蒸馒头，可以说曹德旺的整个童年都是在饥饿的状态下度过的。

曹德旺的母亲虽然是富家千金，结婚后的很长一段时间也过着富足的生活，从未尝过苦难的滋味，但当曹家遭遇突变，却是她表现出了超乎常人的顽强意志，维持家计，教养子女。曹德旺一生干净坦荡，正是因为受到了母亲的影响。

生活再苦，她从未向外人诉说，也教导几个孩子们不能坏了本分。孩子们饿得难受的时候，她会把大家集中在院子里，坐在小板凳上，围成一个圈，吹口琴，唱歌，玩游戏。偶尔孩子们要出门玩，她也会特意交代，不能随便告诉别人他们家吃两餐，要

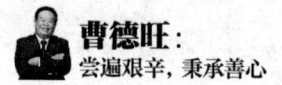
曹德旺：
尝遍艰辛，秉承善心

记住："让人知道了，只会看不起你"，她会要求自己的孩子出门时抬起头来微笑，不能说肚子饿，要有骨气，有志气。

那个时候的曹家日子过得非常艰难，但母亲总是把家里收拾得干净整洁，连家里的木楼梯和木地板都被洗得发白。孩子们穿的衣服虽然都很破旧，却总是干干净净的，穿得破了，曹母就会认真地缝补起来，而且尽可能地把补丁藏在内里，不让别人看见。曹母常说："天下没有人会同情你的贫穷，也没有人为你解决，要摆脱贫穷，只能靠自己的努力和拼搏。""穷不可怕，最怕的是没志气。""做人最重要的是人格的完整，最重要的是取得他人的信任。"

这些话一直深深地印在了曹德旺的心里，也为他种下了一颗不甘于贫穷、敢于拼搏的奋斗之心。

1962年，曹德旺十五岁，这一年的他和归家的父亲开始了贩卖烟丝之路。父子二人会从100多公里以外的福清县城将香烟运到曹家所在的高山镇来卖，借此赚取一些差价。两地路程遥远，对一个只有十几岁的孩子来说，艰辛程度可想而知。但曹德旺从未抱怨，每天风雨无阻地往返于两地之间。

一直到那次，曹德旺受了风寒，身体很不舒服，但他坚持去进货。结果，没走出去多久，他就腹泻严重，腿越来越软，只能走一会儿停一会儿，平常骑车半天就能到的路程，他整整用了一天才到。等好不容易来到了进货的商铺，强撑了一路的曹德旺一下子就瘫倒在地上。

那个年代，没有电话，也没有办法即时通信。他迟迟未能归家，父母就如同热锅上的蚂蚁，一直在路口张望，却始终不见踪影。实在放心不下的父亲外出寻找，一路走到杂货铺，见到曹德旺没事，才松了一口气。

这一次的危险遭遇，并没有打消曹德旺的奋进之心。1964年，17岁的曹德旺跟随父亲改做水果生意。曹德旺还是负责进货。为了支撑一家的家用，也为了能尽快地改变家里的现状，当时年仅17岁的曹德旺每天都会凌晨两点出门到县城采购，然后拉着300斤的水果再骑行6个多小时回到高山镇将水果批发出去。那样的辛苦，曹德旺也用自己瘦小的肩膀支撑起了一家的生计。

和父亲做生意的几年磨炼，让曹德旺成熟了很多。但这也让他认识到维持温饱并不是他的最终目的，他觉得自己还年轻，想要去做自己的生意，去努力走出自己的路，去做更赚钱的生意。

1968年，经过一番考察的曹德旺决定种白木耳。在妻子的支持下，他一头扎进了创业的艰苦浪潮中。此后，更是开始不断尝试不同的新方向，寻找商机。直到1976年，曹德旺选择进入了玻璃行业，在一步步的努力之下打开了通往成功的大门。

从曹德旺的幼时经历中，可以看到，曹德旺的童年是充满了艰辛的，但他从未抱怨和不满，而是努力从贫穷中汲取能量，用自己的奋斗换来成功。当然，如果没有曹家的大起大落，相信曹德旺不会拥有如此豁达的心态和敢于向前的信念，正是家庭的贫困和自己的担当才造就了曹德旺此后的成功之路。

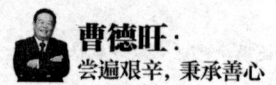
曹德旺：
尝遍艰辛，秉承善心

坚持是一种力量

　　一家企业的成功离不开掌舵人的坚持和努力。企业想要长久不衰，就必须懂得坚持的可贵。不忘初心，方得始终，这是亘古不变的道理。并且，领导人做任何的决定都要坚持，是否能够坚持下去直接决定事情的成败。在想要做大事情面前，坚持是一种向上的力量，只有坚持才能够在机遇来临的时候抓住它，并走向成功。

　　每个企业家都会在某个时刻产生"要自己做生意"的想法。他们为这个目标，会开始付出自己的时间、金钱等。慢慢地，一部分人选择了放弃，一部分选择了守住自己的小商店，只有小部分人最终成功拥有了自己的商业版图。由此可见，每个成功的企业家或者说把企业做大的创业者，他们除了拥有过人的才智和独到的商业眼光，最不可或缺的就是对目标的坚持。

　　1956年，曹德旺的父亲结束了在上海的闯荡，回到了他和母亲所在的福清高山镇。对经商失败意难平的父亲经常会给曹德旺摆

"龙门阵"。有的时候，父亲会兴致勃勃地给曹德旺讲述自己当年在日本布店当学徒的经历，有时则是讲他在上海经商的荣耀时光。他给曹德旺看自己珍藏的一份《新民晚报》，上面刊登着报道他的文章。从父亲的讲述中，曹德旺对外面的世界有了初步的认识，也就是从这个时候开始，曹德旺有了自己人生的第一个目标，以后也要自己做生意。

自此，在少年曹德旺的面前出现了一个新的选择：和父亲一起做生意。虽然在曹德旺看来，年仅15岁的自己并不能做成什么大事情，但一向崇拜父亲的他还是顺从地答应了。

父亲毕竟是在旧上海经过商的人，在自知没有种田养家的本事之后，开始做一些小商小贩的商业经营活动，补贴家庭些许经济收入。所以，父亲就用他从上海骑回来的自行车，作为运输的工具，从福州进些香烟，运到高山卖，从中赚取价差。

但那时的社会环境，是不允许私自买卖商品的，被抓到就会当投机倒把论处。为了规避风险，父亲就把香烟装在曹德旺的书包里，想着能利用少年矮小的身材优势蒙混检查人员。几次下来，曹德旺果然顺利通行。于是，曹德旺就这样开始了自己人生中的第一次生意尝试：贩卖烟丝。

从曹家庄所在的高山镇到福清县城有100公里，这对一个只有十几岁的孩子来说，艰辛程度可想而知。虽然不是家里的长子，但是为了能够让全家人的日子过得更好一点，曹德旺还是咬牙坚持了下来，用自己尚且稚嫩的肩膀托起了一个家庭的希望。

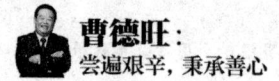
曹德旺：
尝遍艰辛，秉承善心

在经济飞速发展的今天，或许不常见，但在那样艰辛的环境下，就是这个瘦弱的少年，为了生存始终坚持，不懈努力。多少年后，曹德旺始终感激那段时光，在艰苦的岁月里地淬炼出的坚持，才造就了他后来的成功。

坚持是一种力量，曹德旺用它打开了成功的大门。

从一辆小小的自行车开始，到1968年，曹德旺已经脱离了和父亲的合作，走上了属于自己的经商之路。

1968年，曹德旺拿着用妻子嫁妆变卖而来的本钱，一头扎进了创业的艰苦浪潮中。但很快，白木耳种植就遇到了成本过高的问题。

出现问题，就立刻想出办法去解决，这是每一个优秀的创业者都必备的技能。于是，曹德旺很快想出了在村里收购，运到江西去卖，从中赚取差价的主意。

说干就干。一回到高山，曹德旺立刻就花800元收购了村民种植的白木耳，贩卖到江西，一次就赚了近千元。尝到甜头的曹德旺，开始了一次又一次福州和江西的往返旅程，每次都赚得盆满钵满。

一直到1970年冬，因为意外引起民兵的注意，木耳被扣押，曹德旺的白木耳生意才被迫终止。经历了生意的失败，曹德旺在现实的逼迫下选择了暂停，但他始终坚持自己要走做生意的路。

1976年，从山兜农场离开的曹德旺开始思忖着在家乡办一个玻璃厂的事。在当时，曹德旺做梦都在想着如何离开农村，离开面朝黄土背朝天的生活。而筹办玻璃厂就成了摆在曹德旺面前最大的机会。

想要建成玻璃厂，需要市场和技术。曹德旺的两位合伙人，老吴和小林就是个中高手。老吴对玻璃市场进行过调研，对市场的缺口情况非常熟悉。小林是工科大学生，设备技术是他的拿手活。但这些还是远远不够的，要想办起一个玻璃厂，摆在他们面前的还有很多关卡：办工厂所需的20万资金、盖厂房所需的10亩土地以及解决老吴和小林的户口问题——在那个年代，如果工厂办在高山的话，就要将他们的户口从明溪迁到高山。

因此曹德旺想要办成这件事，就要说服高山镇的领导，为他们提供资金，提供土地，以及解决老吴和小林的户口问题。这几个问题都很棘手，一个比一个难解决。但曹德旺没有放弃，哪怕面对这些几乎不可能的事情，他永远都是坚持迎难而上。

20世纪70年代末期的农村，执行的政策是"以粮为纲，全面发展，多种经营，适当集中"。公社需要操办的各类企业比较多，管理这些企业的政府机构也应运而生，公社的企业办就是这样一个机构。为了能够解决办厂的问题，曹德旺找上了高山公社企业办的主任。

曹德旺一个农业户口，想要办工厂，谈何容易？但似乎是曹德旺的运气一直很好，在详细地沟通过水表玻璃的商机之后，公社领导最终同意了办玻璃厂的计划，同时同意将老吴和小林的户口迁到高山公社居委会。

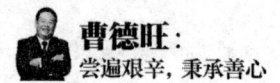
曹德旺：
尝遍艰辛，秉承善心

1976年10月，高山异形玻璃厂的筹建工作正式展开，曹德旺也满怀热情地参与到厂房筹建工作中，彻底告别了农业，走上了工业的道路。

然而，曹德旺的玻璃之路并非自此走上坦途，反而困难重重——工厂的成品率一直非常低，生产不出合格的玻璃。谁也不知道问题究竟出在哪里，因为工厂始终没有解决这个关键问题。从员工到公社领导都很着急，有人甚至开始怀疑：建玻璃厂是不是一个正确的决定？

虽然工厂并不是曹德旺的私企，但他的压力一点都不轻松，因为建玻璃厂的建议是他提的，两个重要的人才老吴和小林也是他引进的，那问题究竟出在了哪里？

顶着众人的质疑，曹德旺没有放弃，而是反复思考问题所在。后来，经过分析，他认为建厂的方向是没错的，问题出在了用人上。想明白症结所在的曹德旺立刻决定到上海请专家帮忙。在专家李维维的帮助下，高山异形玻璃厂终于生产出了属于自己的玻璃。之后，曹德旺又赶上了1978年改革开放的大潮。也是在这一年，他毅然从公社手中承包下了玻璃厂。高山异形玻璃厂的玻璃生产质量飘忽不定，但曹德旺坚信这是一个能赚钱的企业，于是，他决定接手。

曹德旺拥有的，不仅是一个企业家、创业者看待市场的敏锐眼光，而更值得借鉴的是他做事的坚持和执着，一旦选定了目标，就会克服困难，一直向前。

闯出去才能做大生意

人一定要敢闯敢拼，这是很多成功的企业家从自己的人生经历中总结出来的经验。这背后隐藏着的逻辑其实是：不管处于哪一个时代，人与人的背景和资源都会存在着巨大的区别。那些处于弱势又想过得好的人，只有敢闯敢拼，才能实现人生的逆转。如果不肯冒险，不肯出去闯，他们或许能在小生意的照拂下活得不错，但他们的人生可能就这样平淡下去，很难再有翻天覆地的变化了。

当然出去闯是有风险的，但只要能看到可观的价值，冒险就是值得的。一个人如果能够准确地知道自己想要的是什么，确定自己的方向和目标是值得的，就坚定地去闯，去行动，只有这样最终才能获得成功。

和父亲做生意的那几年，让曹德旺成熟了很多。在付出劳力之余，他开始思考自己未来的出路。在他看来，父亲虽然聪明，他们也从贩卖烟丝的生意中赚了不少，但做的都是小本生意，而且所做

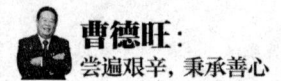
曹德旺：
尝遍艰辛，秉承善心

的事情，政府也不认可、不支持，这样是根本没有前途可言的。他觉得自己还很年轻，不能走父亲的老路，他想要做政府允许的，能赚钱的生意。

事实证明，曹德旺的判断是正确的。父亲贩卖烟丝的生意在不到一年的时间内就被当地工商总局抓到了现行，烟丝直接被收缴，用来收货的自行车也被没收了。父亲的烟摊被收缴，更坚定了曹德旺想要出门闯荡的决心。

1968年，在妻子的支持下曹德旺打算用白木耳出去闯一闯。这一年，他开始埋头种起了白木耳。他做事一向用心，种植白木耳虽说是欠缺经验，但他还是收获了十几斤的白木耳。可是还没等曹德旺高兴几天，就得知那年的福建，像他一样种白木耳的人实在是太多了，所以他一样没赚到钱。

就在这个时候，他偶然间听说在江西，一斤白木耳可以卖到50块钱，少年时随着父亲贩卖烟丝和水果积攒下来的经验起了作用，他当机立断迅速坐上火车赶到江西鹰潭，果然，他很快就把白木耳卖掉了，属于曹德旺的第一桶金就这样轻松到手。

这趟经历激发了曹德旺的灵感。他突然想到：既然种白木耳不赚钱，那何不通过在家乡低价收购白木耳，然后运到江西去卖，自己赚取佣金呢？雷厉风行的曹德旺回到高山镇后，马上用自己手里的钱四处收购白木耳，然后卖到江西，一次就赚了近千元。尝到甜头之后，曹德旺就开始往返于福州和江西两地之间，每次都能赚得盆满钵满。

闯出去才能看见更大的天，也正是这种敢闯敢拼的精神，曹德旺才得以成就自己的"玻璃王国"。一个出色的企业领导人，不仅要有敏锐的商业嗅觉，还要胆子够大，才能在机会来临的时候抓住它。

曹德旺在后来讲自己创业故事的时候曾经说过："我想，只要能让我站在工业化的平台上，做什么职位并不重要。只要能给我这个平台，将来我就能作出最好的企业来。"曹德旺开拓的商业版图，从一开始就很清晰：从农村闯出去，走上工业化的舞台。在见识到工业化世界的丰富之后，曹德旺作出了他商业道路上第二个重要抉择：筹建玻璃厂。

1976年，已经有一些先行者开始做起了"第一批吃螃蟹的人"，下海经商。曹德旺就是其中一员。

萌生这个大胆的想法，还源于1975年冬天曹德旺的明溪之行。当时，因为瓢泼大雨和地震滞留在明溪的曹德旺意外结识了很多像他一样被困的人，其中就有之后跟他一起筹办玻璃厂的老吴和小林。没法出门的日子，三个人就经常坐在一起聊天，曹德旺也正是通过这两个人的描述，见识到了更大的世界。在那天之后，曹德旺就开始了跟玻璃打交道的生活。

在此后，曹德旺在玻璃行业内更是一路高歌奋进。从承包玻璃厂，转战汽车玻璃细分行业，与上海耀华玻璃厂合资生产汽车挡风玻璃，再到在中国16个省市及美国、俄罗斯、德国、日本、韩国等9个国家和地区建立了17个汽车玻璃生产基地、6个浮法玻璃生产

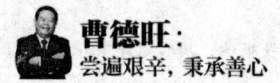
曹德旺：
尝遍艰辛，秉承善心

基地，最终一跃成为国内规模最大、技术水平较高、出口量最大的汽车玻璃生产供应商。曹德旺用自己不停歇的野心和敢闯敢拼的决心，成就了企业的今天。

很多人只看到了福耀的今日辉煌，但却忽略了曹德旺每一个选择背后看到的世界和前景。创业很难，不仅要面对激烈的市场竞争，还要时刻面对市场需求的变化以及各种内部突发的问题。方方面面，如果没有敢闯的决心和勇气，那么就会时刻面临淘汰。而作为掌舵人的曹德旺，正是因有一颗敢于跳出舒适圈去拼搏的心，才最终成就了现在的福耀。

创业可以失败，但人不能失信

做生意最简单来讲，就是人与人之间的信任交换，其中每一次的交易都是一次信任的考验，不断累积下来的信任缺失，一定会对经营本身产生影响。俗话说得好，"人无信，无以立"。在企业运营过程中，如果不能解决信任问题，就绝对不会走得长远。

其实，一个人的创业成败一定程度上就取决于他的诚信程度。一个做人做事都不能言出必行的人，就别说能诚信经营了。一个成功的人，无论是多小的承诺，都会努力践行。对他们来讲，这不仅仅是一个商场准则，更是他们对自己、对人生负责任的态度。

曹德旺为什么能将一个尚未熟练掌握技术的农村玻璃厂，做成驰名海内外的汽车玻璃供应商？关键在于信誉。诚信地对待每一位合作伙伴，才有了福耀集团今日的辉煌。

1968年，利用信息差收购白木耳运到江西去卖的曹德旺赚到了人生中的第一桶金。但好景不长，正在曹德旺准备大干一场的

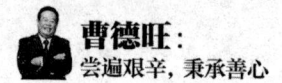
曹德旺：
尝遍艰辛，秉承善心

时候，带着大包白木耳频繁往返于两地的他引起了火车站民兵的注意，认定他是在"投机倒把"，于是把他带的货全部扣了下来，虽然曹德旺很快反应过来并解释了一番，但民兵们并没有直接放行，而是让曹德旺回村开证明。曹德旺一下子就傻眼了。

曹德旺心知肚明自己是在撒谎，哪里还能有地方开证明呢？

货品被扣押，拿不回货款，就无法给乡亲们结账，如何向那些信任自己的乡亲们交代？曹德旺深知，事情是躲不开的，再大的问题，也不能失信。于是，他挨家挨户上门，向乡亲们说明白木耳被扣的经过，并向大家郑重承诺等自己有钱了马上会给他们结算货款，恳请他们宽限自己一段时间。幸运的是，乡亲们相信曹德旺的信誉并愿意等待。而曹德旺也没有辜负大家的信任，在拿到工地赔偿款的第一时间，就还清了欠乡亲们的货款。

凭借着这份信任，曹德旺在乡亲们心中落下了诚实守信的好名声。在曹德旺看来，企业就是人，企业的产品就是一个人的行为规范。在此后的企业运营中，他更是一贯坚持诚信经营的原则，始终"以诚为本"，把客户的利益放在第一位。

1996年至今，汽车前挡玻璃里的PVB胶片的国际价格都是每平方米5美元，它的厚度是0.76mm。另外有一种用于建筑的PVB胶片，厚度仅为0.38mm，价格便宜了一半。当时，市场上突然间就出现了这种很便宜的汽车玻璃，用的就是0.38mm的胶片。市场上很多家企业都为如此便宜的价格动了心，于是公司内就有人向曹德旺建议他们也改用薄的胶片，把价格降下来。曹德旺毫不犹豫地说:"不行,我们做自己的。为商之道,必须诚实守信。"

2005年,曹德旺和他的福耀玻璃涉足节能建筑玻璃市场。当时这个市场上的产品也是良莠不齐,以次充好、以假乱真的产品大行其道,比如中空玻璃,如果用的不是优质的材料,装上后,经过反复的热胀冷缩,会出现胶老化开裂,从而导致漏气、发霉、结雾等,不仅不节能,更将造成房屋外观整体形象的破坏,但这样的玻璃产品与真正的中空玻璃相比,成本低,外表看不出来,因此广受建筑商的欢迎。曹德旺很清楚地意识到其中存在的巨大利益,但他更清楚这种劣质的中空玻璃对城市形象和购房者带来的侵害是不可逆的,因此他始终不肯为眼前利益妥协,而是坚持自己的浮法玻璃生产厂的产品都要达到高品质。

作为白手起家的典范。一个企业家必须诚实守信,言出必行,失信比失去生命更严重。失信就等于失去了职业生涯。这些都是刻在曹德旺骨子里的东西,他也一直是这样做的。尤其是在做玻璃这件事情上,曹德旺始终坚持诚信经营的原则,毫不动摇。而正是这份坚守才让如今的福耀成为行业内的标杆和传奇。才经过18年,曹德旺一手打造的福耀就已成为中国第一、全球第六的汽车玻璃生产商。在这期间,"福耀"获得了福特公司授予的"全球优秀供应商金奖"、中国汽车玻璃行业中唯一的"中国驰名商标"和"中国名牌"等无数的殊荣。

为什么曹德旺带领下的福耀集团会做得如此出色呢?这一切的取得,都源自曹德旺的"诚信"——对市场的诚信、对客户的诚

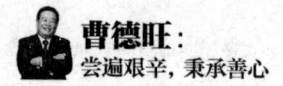
曹德旺：
尝遍艰辛，秉承善心

信、对合作伙伴的诚信。

在曹德旺看来，经商以诚信为本，一旦失信，那做生意的成本就太高了。客户不信你，员工不信你，没有人愿意跟你合作，企业自然也不会成功。

无论做人做事，能够让人信任是基础。对于创业者来说更是如此，创业过程中如果能够为自己的企业建立诚信可靠的口碑甚至能够改写企业未来的命运。而企业家的成功就在于把这些一般人难以坚守的东西坚持了下来，才能让企业在运营的过程中能够畅通无阻地发展。

目光放长远，才能越走越远

中国经济迅猛发展，有些企业走到了现在，有些企业却在历史的长河中消失殆尽，那很多人就会产生困惑，究竟什么样的企业领头人才能将企业长远地发展下来呢？

曹德旺在《首善佛心》的自传中讲过这样一段经历：1971年，第一次创业失败负债累累的曹德旺来到工地上当民工修水库，结果刚在工地上干了三天活，营房就失火了。虽然没造成更大的损失，但这场火灾使得工地上的板车全都坏了，没办法开工。但曹德旺没有找营指导员要赔偿，而是自己主动请缨申请修车，解决生产问题。结果，这一修就是一个月。之后，工地上因为火灾拿到了救济物资和赔偿金，其他人都领过了，唯独少了曹德旺。领导这时候才想起来，曹德旺还在那个小篷房里修车呢，于是赶紧把他喊过来。当时的连长、教导员非常感动于曹德旺的人品，当即给了他很多赔偿款，一次性帮助他解决了乡亲们的赔偿问题。后来，在得知曹德

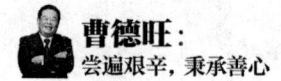
曹德旺：
尝遍艰辛，秉承善心

旺货款被车站强扣的事情，还替他出面从公社开了证明，找回了被民兵扣押的货。他好不容易赚来的第一桶金就这样失而复得了。

不吵不闹，拿回了一大笔赔偿。不计较一时得失，却得贵人相助索回货。很多人喜欢追求当下自身利益的最大化，但曹德旺却恰恰相反。他是一个长期主义者，注重长远价值高于眼前得失。而在他的企业运营历程中，正是因为注重长期发展目标，不计较一时的得失，才得以避免被当下困局所束缚，成长为备受业内推崇的"玻璃大王"。

注重长远价值的人，不计较一时得失，反而会让自己获得更大的利益。1971年还完债务再次返回06工地的曹德旺成了一名炊事员，工地上的活又苦又累，食堂的炊事员可以算得上是难得的肥差，但他并没有尸位素餐，消耗之前与连长、教导员交往下来的情谊，而是更加主动多干活，想办法让民工可以洗上热水澡；主动修改制度，防止工地上工人恶作剧让别人吃不上饭。

工地的工程结束了，曹德旺又被介绍到农场做果苗技术员。运送果苗的路上，听到当地的村民谣传说要地震，同行的人都跑了，只曹德旺自己信守岗位职责，坚持留守，结果不仅把果苗顺利卖掉，避免了农场损失，还意外结识了对玻璃市场和玻璃技术颇有见地的两位朋友，也就是这次意外"成功"地把曹德旺带进了玻璃行业的大门。虽说有了市场和技术，但想要办一个玻璃厂，还需要过很多关卡：资金、土地以及两位合伙人的户口问题。在当时，想要解决这三个问题，简直比登天还要难。但曹德旺的字典里就没有

"难"这个字，凭借着排除万难也要创业的决心，他一步步地把这三大问题从创办玻璃厂的路上挪开。1976年10月，高山异形玻璃厂的筹建工作正式展开，曹德旺也满怀热情地参与到筹建工作中，从此彻底与农业挥手告别，走上了工业之路。想要经营好一家企业，经验积累是一个必需的过程。就这样，曹德旺成了玻璃厂的一名采购员。

从1976年到1979年，经过3年的筹备工作，高山异形玻璃厂终于开始了试生产。然而，开工之后，工厂的成品率却一直很低，生产不出合格的玻璃。近一年的时间里，厂长就跟流水一样换个不停，但工厂始终没能解决生产的关键问题。越来越多的人甚至开始怀疑：建玻璃厂是不是一个正确的决定。

曹德旺虽然只是一个采购员，但因为建玻璃厂的建议是他本人提出的，两个重要的人才也是他引进的，他从未对玻璃厂的事情置身事外，一直积极地帮助工厂解决玻璃生产问题。经过初步的判断和分析，他认为建厂的方向是没错的，问题出在用人，于是他主动到上海请教同行，自掏腰包请工程师来厂察看玻璃问题。随着玻璃厂的生产走上正轨，曹德旺的重心又回到了采购本行上。当时的各种指标都是规划的，效率很低，消息互通很大程度上都依靠各地的采购员，曹德旺从聚集了采购员的澡堂子打开突破口，慢慢打造了一个强大的全国性的采购网络，不仅轻松地解决了自己厂需要的玻璃指标，还能为当地政府解决许多其他指标。在当时，只要曹德旺愿意，单单靠手里的串联指标就能赚得盆满钵满。但在看到玻璃行

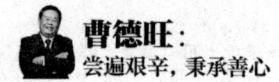
曹德旺：
尝遍艰辛，秉承善心

业巨大的前景下，他还是决定舍弃这些眼下的利益，留下更多的利润空间给别人，曹德旺的销售网就是在这时候搭建起来的，而他也借此成功地在改革开放后拿下了高山异形玻璃厂的经营权。

20世纪80年代初，国内的玻璃尚没有统一的标准，市场化的销售成为制约发展的瓶颈。在经过一番考量之后，他主动去联系相关领导，推动改革。甚至意外让自己的产品成为免检产品，水表玻璃市场占有率超过90%。当时汽车玻璃大部分依赖进口，于是让曹德旺发现了机会，进入到汽车玻璃行业，玻璃厂开始了扩张之路。

后来，由于当时政策，非国有企业不能接收大学毕业生的档案，这样自己就吸引不到优质的人才。于是曹德旺开始不断地跑福建人事局，最终成功推动了福建省成立全国第一个人才交流市场，解决了玻璃厂员工档案落户问题。

玻璃厂的发展，经历了从多元化转向汽车玻璃的专一化，内部的重组改革，完善治理机制，收购破产的国企公司等，这里的每一个过程都面临艰难的抉择，但身为领导人的曹德旺从未被任何眼前的问题所打倒，而是将眼光放长远，最终得以实现价值空间的最大化。

聪明的人总喜欢追求当下利益的最大化，拼命地压榨现有价值空间，但是他们往往忽视了，只有能够承担当下的风险，才会拥有未来无限的可能性。

举个例子，福耀当时准备上市，1990年的净资产是6127.5万元，然后发行了4085万股，一股1.5元，一点溢价都没有。本着对曹德旺本人和玻璃行业的看好，当时很多机构和个人都买了。但在当时，这是属于原始股，还没公开上市发行。结果没过几个月，就开始谣传福耀股票上不了市，曹德旺要跑。然后，这些机构和个人纷纷打电话，要求曹德旺把股票再帮忙卖出去。只是虽然没有公开交易，但是私下的交易价实际上已经涨到2.5元/股。曹德旺没办法，只能去借钱，把那些人想出手的股票都收了回来，一共收了400多万股。

曹德旺回忆，当时为此欠了一屁股债，心里很难受。跟别人喝酒，甚至难过到哭。要知道当年自己全部身家的白木耳被扣押时，都没流过泪。

一直到1993年才拿到了上市的批文，上市首日，股价收盘40.05元，股票涨了26倍。曹德旺除了作为公司奖励的85万股，再加上被迫收购的400多万股，一举变成了亿万富翁。

不同的选择，决定了不同的归宿。注重眼前利益的人，可能会在短时间内赚得盆满钵满，未来的路却越走越窄。像曹德旺这样拥有长远眼光的人，可能一时利益不尽如人意，但未来的路却会越走越宽。

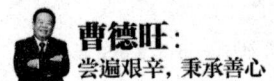

换位思考，将心比心

在如今很多人看来，曹德旺身上有很多被人诟病的标签，"性格刚烈""一言不合就能怒目相向""骂下属、呛声合作伙伴"，但熟悉曹德旺的人对他的评价却是平易近人、少与人交恶，朋友更是遍天下。他曾经说过，自己在企业管理学习中掌握的第一课就是将心比心，换位思考。

1971年，还清乡亲们债务的曹德旺返回工地，被推荐进入炊事班工作。这是曹德旺获得的第一份正式工作，工作从不肯惜力。当时的民工们，都是自带粮食赚工分，因为条件的艰辛，吃不饱休息不好是常事。为了让民工们吃饱饭，他每天亲自给上百个饭盅里加水上蒸屉蒸饭。为了民工下工时能冲个热水澡好好休息，他一个人去井里挑水回来烧热水，替民工们备好洗澡水。或许你会觉得他傻，但他却说：我宁愿自己苦点、累点，也要让民工们吃饱、休息好，这样大家才能早点完工，回家与家人团聚。

人只有换位思考、将心比心才能体会到他们的不易，我能做的也只是些许小事而已。助人者天助也，这些看似无用的将心比心，让曹德旺成功进入山兜农场，开辟自己的新事业。之后，意外结识两位合作伙伴，从此一头扎进玻璃制造的洪流中。可以说，曹德旺的事业发展充满了故事性和意外性，没有去想自己能去干什么，只是因为好工作难得，就去了农场当销售员。之后，又觉得玻璃行业前景可观，于是就毅然转行进入玻璃行业。

曹德旺的商业发展之路可谓是戏剧性满满，但他这一路走来真的没有去遵循什么吗？

其实，做企业就是做人。企业发展得好坏，其实跟领导人的品行有着很大的关系。如今，市场竞争如此激烈，顾客要求越来越高。从玻璃制造行业白手起家，曹德旺的创业之路遇到过很多困难，但却从未走过错路。为什么呢？因为他始终能够将心比心，换位思考，坚守自己的人生底线。

纵横商场数年，曹德旺始终以诚信立命，无论是对员工、对下属，还是合作伙伴，曹德旺都能够将心比心，以善为先。

比如，曹德旺对员工的将心比心。对待员工，曹德旺从不吝啬关怀，始终以博爱的企业文化回馈员工。

其中有两个人的例子最为典型。

一个是福耀集团现在的副总裁陈居里。

90年代初，陈居里毕业于北京航空航天大学信息管理专业，当时的大学生无异于是个"香饽饽"，但陈居里却拒绝了许多顶尖

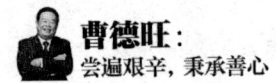
曹德旺：
尝遍艰辛，秉承善心

公司伸过来的橄榄枝，走进了福耀玻璃的工厂。按照福耀玻璃厂的规定，无论什么学历，都要先去工厂车间锻炼。就这样，大学生被"下放"到了车间，每天的工作就是用一辆平板车把废弃的玻璃从车间拉到外面倒掉。

陈居里身材瘦弱，又斯斯文文不爱说话，经常替人背黑锅，别人做的错事也会往他身上推，但陈居里从不辩解，只是默默做好手头的工作。

曹德旺了解情况后，问他，别人冤枉你，你为什么不辩解？陈居里却说，工作就好比买东西，只有先展示性能、展现你的本事，才有可能得到一个好价钱。本事是看不见摸不着的，人家怎么知道你有本事？所以你得先打杂，做好小事。

曹德旺听到这番话很受触动，当然他也并不会对"打杂"的人颐指气使，反而将心比心，以博爱的企业文化回馈员工。1999年，曹德旺任命陈居里为集团副总裁，主管海外维修市场销售系统工作。

还有一位叫田军的实习生。

这位员工在体检时意外发现得了白血病，曹德旺知道后，告诉人事部，治疗费用全部由公司承担。人事提醒曹德旺，治疗费用高达几十万，而且田军还没跟公司签订正式合同。曹德旺说："我爸爸当年告诉我，若是开店的，开门看见门口躺着人，一定要先给他灌水，有口气了再送医院。""和公司无关的人，我们都要帮助他，何况他还是在我们公司实习的人呢！"

曹德旺的将心比心还体现在合作伙伴上。作为一家国际化制造业的领头羊，福耀在国际化道路上有自己的一套法则。

2001年2月，美国PGC联合其他两家美国玻璃公司向美国商务部起诉中国玻璃倾销。曹德旺的福耀玻璃厂也在被告行列中。

面对这场突出起来的反倾销案，曹德旺虽然表示震惊，但他并没有选择放弃美国市场而是迅速组织了一个专门的领导小组积极反诉。随着整个诉讼案件的推进，曹德旺很快意识到只要福耀能够有充足的理由，就可以不怕被其起诉，完全可以积极应对，通过应诉来解决。

搞清楚这一点，曹德旺一方面组织福耀团队整理相关应诉资料，另一方面与起诉方PPG企业积极对话，寻求新的利益点。当时，曹德旺站在对方的立场考虑，告诉美国的PPG企业（现有订单占美国市场29%），美国是全球公认的汽车制造大国，美国人必须拥有一个属于他自己的玻璃厂，这才符合美国人民的最大利益。

在结束了这场反倾销案之后，曹德旺与起诉他的PPG并没有成为敌人，反而展开了密切的合作。

从曹德旺本人的创业之路以及福耀的经营管理，可以看到曹德旺的一路虽然充满了偶然性，但每一步都走得很踏实，没有那么多意料之外的结果。或许，曹德旺的成功从无意外，有的只有一颗与人为善、将心比心的为人准则。

第二章

勇于开拓，做第一个吃螃蟹的人

一个新的时代到来，带来的是全新的机遇。是否敢于开辟，开辟新的天地是非常考验一个企业领导人的眼光和敏锐度的。锐意进取对一个企业，甚至是一个行业的发展都是很重要的，但冒险从不应等同于冒进。"君子怀器于身，伺机而动"，真正的冒险，是像曹德旺那样，发自内心地相信一件事情大概率是对的，并且能够给自己带来可观的价值，这时候再做好可能失败的准备，然后排除万难地去执行。

曹德旺：
尝遍艰辛，秉承善心

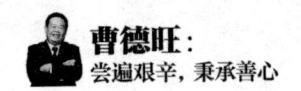

抓住机会，承担风险

做生意是要讲究找准赛道，找到机会。那么，什么才能被称为"机会"呢？

曹德旺曾经在一次企业家演讲中这样说过：机会就是字面意思，第一是机遇，第二是"会"。也就是说，你要是这方面的行家。在他看来，有智慧的企业家必须具备不同寻常的市场机会预测和捕捉能力。通过观察与总结市场现象，企业家能够预见到其中蕴涵的机会，然后通过精心准备与策划，抓住这些市场机会。"预见到机会往往意味着一半的成功"，曹德旺说。但企业家智慧只是成功企业家必备的素质之一，仅仅预见到机会还不够，"企业家更应该是一个好战者，应该具备迎接挑战的勇气"，曹德旺用福耀玻璃成功逆袭的例子证实了这个观点。

20世纪80年代，只有小学文化水平的曹德旺在福清市高山镇异形玻璃厂当采购员，主要的工作内容是对外联系、推销人称"大路货"的水表玻璃。由于行业竞争激烈，工厂生产得不稳定，玻璃的利润很低，还常常找不到买家。为此，曹德旺不得不经常乘火车、飞机四处去推销。

一次意外的出差机会，曹德旺无意中发现汽车玻璃卖得非常贵，当时国内因为技术问题没有几家能生产汽车玻璃，大量的订单只能依赖进口，一块海运过来的"外籍"玻璃价格大半都花在了昂贵的运费上。曹德旺从里面嗅出了机会，他准备自己做汽车玻璃。

有了想法，曹德旺立刻付诸行动，他一边忙着请教专家研究汽车玻璃的制作工艺，一边改良玻璃厂的陈旧设备，以求能达到制作标准。经过不懈地学习和探索，曹德旺终于顺利掌握了汽车玻璃的相关制作工艺。

万事俱备，但此时的玻璃厂当家人并不是自己，曹德旺想要大刀阔斧地改变就需要得到乡镇领导的支持，但这样改革的背后所面临的风险显然不是一个乡镇企业能够承担的。正当曹德旺一筹莫展的时候，机遇之神又一次眷顾了他：镇上决意将玻璃厂进行转让。这一次，他毅然承包下了尚在亏损状态的玻璃厂，将主业迅速转向汽车玻璃，彻底改变了中国汽车玻璃市场由国外品牌垄断的历史。

创业的时候，先一步抓住机会，往往也会一路领先。1987年，曹德旺正式将玻璃厂改名为福耀玻璃有限公司。此后，找准市场定位的福耀玻璃，专注于深耕行业、持续创新，1995年，在当时中国轿车市场一年只有32万辆的时候，福耀已经开始送样申请车厂认证。1999年，当同业开始冲刺中国市场时，福耀就"靠着一片传统

曹德旺：
尝遍艰辛，秉承善心

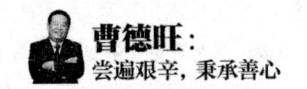

玻璃"，全球市场占有率超过了30%。以今天的眼光观之，这正是从"专精新特"成长为"巨人"的典型。

由于曹德旺超强的机会捕捉能力和风险承担能力，福耀玻璃在中国实业产业的发展中写下了浓墨重彩的一页：员工数量从最早的500人上升到后来的几万人；玻璃生产工厂由偏居东南的福清扩展到在中国16个省市以及美国、俄罗斯、德国、日本、韩国等11个国家和地区，并在中美德设立6个设计中心，形成了辐射全球的市场覆盖能力；年总资产从1989年的4000万元上升到2022年的448亿元，盈利从1989年的763万元上升到2022年的50.33亿元左右。改革开放以来的四十余年，福耀玻璃从一个默默无闻的小厂，发展为一家每项决策都会牵动汽车玻璃国际巨头们神经、中国领先的大型汽车玻璃制造企业。

福耀玻璃发展过程中的每一次转折性的关键决策，都体现了曹德旺作为一家实业公司掌舵人具备的"机遇猎手"特质。

在福耀玻璃生产的双层玻璃的年产能为30万片的时候，这批出口的双层玻璃遭到了对方的退货，一次性损失72万美元。这件事情对福耀都造成了很大的打击，就在业内对双层玻璃的前景看衰时，曹德旺出乎意料地决定增加一条年产量为120万片的双层玻璃生产线。在曹德旺看来，当时的整个双层玻璃生产线的建设成本只有行情最好情况下的一半左右，他大胆预测，未来双层玻璃的价格有望出现大幅回升。后来的事实证明，曹德旺的嗅觉相当敏锐，这次机会的降临使得福耀玻璃整个实力更上一层楼。

曹德旺的"猎手"特质,不仅在对行业时局的判断上,更体现在决策的果决和行动的迅速上。

1996年,在全球经济一体化的发展趋势下,曹德旺主动提出出让福耀玻璃的部分股权,引进外资——法国圣戈班公司担任公司股东。在圣戈班公司的帮助下,福耀玻璃成功地从单一的汽车玻璃生产型企业转型成为具有汽车玻璃设计能力的企业,为福耀玻璃的进一步扩大发展赢得了机会。由于圣戈班只把福耀玻璃看作其打入中国市场的一颗棋子,而曹德旺却希望福耀玻璃能够借助圣戈班进军国际市场,双方对福耀玻璃的定位出现了严重的分歧,再加上福耀玻璃海外工厂在国际市场上的表现并不理想,再三权衡后,1999年,曹德旺果断提出与圣戈班"和平"分手。

都说,风险和机遇是并存的。想要抓住机遇,不仅需要企业家能够敏锐地勘破隐藏在风险背后的重重障碍,还需要他是一个好战者,能够直面挑战,抓住机会。

2001年,因市场不利导致连年亏损而陷入严重经营困难的通辽浮法玻璃厂濒临破产。通辽市领导找到曹德旺希望他能够接手通辽玻璃厂。资金短缺、原材料供应不足、人心浮动……即使是做好心理准备的曹德旺也只能用"破烂不堪"来形容这个当时濒临破产的厂子。

在认真思虑过后,曹德旺最终决定以3亿的价格收购通辽玻璃厂。此次,曹德旺的决定不仅引起了证券市场的困惑和种种责难,就是在福耀玻璃内部,也有不少人对曹德旺此次决策的正确性产生

曹德旺：
尝遍艰辛，秉承善心

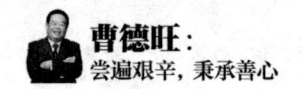

了怀疑。但在并购的第二年，浮法玻璃市场就出现了令所有质疑者吃惊的局面，自此通辽玻璃成了福耀玻璃的另一重要利润来源。

曹德旺的成功完美诠释了成功要因势而动，抓住机遇。勤奋、聪明、努力非常重要，但这只是成功的基础和前置条件，要想有所建树，还是要因势而动。因势而动，其实就是要抓住时代发展机遇，只有顺势而为再加上自己的正确努力方能成事。孙子兵法讲：求之于势，不责于人。真正厉害的兵家，都是善于在万仞之上推千钧之石，找到最强的外部势能给自己赋能。

眼观全局，不计较一城得失

曾经有人说过企业家要有新三观：全局观、未来观和全球观。全局观就是生态观，就是要让企业生态链都满意，要让客户、员工满意，合作伙伴、政府满意，甚至赢得竞争对手的尊敬。

商业经济中全局观就是要考虑全局的利益。当今时代，世界经济已真正进入了命运共同体，要从强者寡头过渡到行业圈层的包容和共同发展。全局观要正视企业生态链的存在价值，让相关人员都能受益才是真正的成功。让别人强大了，你才可能强大。一个成功的行业领军企业不是获取更多的利益，而是担当更多的责任。福耀玻璃作为玻璃行业中的领军企业更是将这一点做到了极致。

在市场运营中，全局观，整体意识，对企业家和品牌来讲都是非常重要的职场品质。商业合作，既要注重效益，也要理解并尊重整体商业生态，必要时要为他人利益让路，甚至牺牲，这是福耀发展过程中曹德旺作出的选择，也是更多的企业发展中必须要面临的问题。

曹德旺：尝遍艰辛，秉承善心

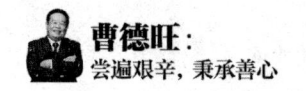

福耀玻璃在经营过程中也曾经遇到了政府和供应商的"价格夹击"，因为利润争议，一度使得福耀的新工厂筹建工作陷入"停摆"的尴尬。

1987年，曹德旺在看到汽车玻璃行业的前景后，决定把高山异形玻璃迁往宏路，和政府一起成立合资公司，扩大生产规模，引进国外最新的设备和技术，合作生产汽车挡风玻璃。合资公司选址宏路镇，征地完成后的第一个工程就是退土方。当时镇领导推荐了一个闽侯人来承包退土方的工程。按照曹德旺之前了解到的市场价是1立方米3元左右，但闽侯人的报价远低于市场价。事出反常必有妖，精明的曹德旺隐隐觉得其中一定有问题。

眼看合同约定的工期就快要到了，闽侯人却迟迟没有开工。原来，闽侯人还打着后期通过送礼再来调整合同的主意，奈何碰到曹德旺这么个坚持原则的人，坚决不收礼，工程也就此僵住。

最后，闽侯人在镇政府和曹德旺的双重施压下，还是依合同完成了所有工程。在结账的时候，曹德旺按照市场平均水平给他进行了结算。闽侯人简直不敢相信自己的耳朵，乐得从椅子上跳了起来。

从那以后，这个闽侯人就跟定了曹德旺。福耀以后的工程，无论是福清的、辽宁的、上海的，还是湖北的、广州的，他都是尽心尽力地去施工。

对于企业家来讲，在做生意的过程中，与供应商打交道在所难免。大多数人会希望尽量满足自身利益需求，压榨他人利润空间。

其实，在商场上，甲乙双方会因为立场不同、行业差异、利益分歧等，产生纠纷是非常常见的，对于企业家来说，突破自我认知，尊重他人利益，要有全局思考的能力。

不谋万世者，不足谋一时；不谋全局者，不足谋一域。一家企业能不能建立价值互信的生态圈，有容乃大、互利互惠、共同发展，是卓越与平庸的企业家之间，在战略高度上的最大区别。

自这件事，曹德旺也得到了教训：签订合同，大家一起做生意，都是平等的，双方要能够互相尊重，尽管自己有合同和担保，但也要充分尊重他人的劳动和付出。

同时，福耀玻璃在公司内部的集体利益上产生纠纷时，面对强大的外力市场冲击，公司是选择兑现对内对外的承诺，还是先保住"大船"？

2006年，福耀首次进行了股权分置改革。在当时的方案中，福耀股票全流通的平价条件是每10股送1股，是当年沪深股市中平价条件最低的一只股票，这也从一个侧面说明了资本市场对福耀玻璃内在价值的认可。而根据当年的协议，作为大股东的曹德旺承诺给大家，自2006年起，连续三年，利润每年递增30%。如果达不到，大股东还需要给小股东每10股补偿1股。当年，曹德旺信心满满地认为完成这样的业绩承诺是没有任何压力的。然而，到了2008年，经验老练的曹德旺很快就嗅到了"危机"的味道。次贷危机愈演愈烈，他预判在奥运会之后，中国的股市可能会跌到2000点以下。这种情况一旦真的发生，整个房地产市场也可能会有20%~30%的下

曹德旺：
尝遍艰辛，秉承善心

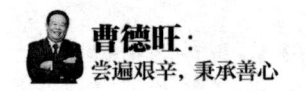

跌，而在当时的情况下，福耀的生产线是严重过剩的，很可能会把整个公司拖下水。

于是，他对内宣布关停4条生产线，在效益好的时候做资产减值。当时，曹德旺的这个决定遭到内部管理团队的一致反对。大家认为，如果在没有任何征兆的情况下直接搞减值准备，福耀就没办法兑现当年利润增长30%的目标。福耀这艘"大船"太过庞大，已经是营业额超百亿的体量，如果能够采用一些技术手段，或者延迟关停部分生产线，也能过关。如此简单的操作，不仅能够顺利将福耀从这次危机中解救出来，曹德旺还不用承担对小股民的近7000万股，22亿人民币的"天价"补偿。

但曹德旺仍然坚持自己的决定，他对福耀管理团队的回复是，虽然这些可以做得毫无痕迹，但是，人在做，天在看。对集团的永续经营，都是硬伤。最终，曹德旺坚持从企业全局利益的角度考虑，关停了4条生产线，淘汰落后产能。

就像在开头所说，全局观是一个优秀的企业和领导人非常重要的品质。在闽侯人的故事中，他认为合作伙伴是平等的，尊重对方的劳动，不去占对方便宜；在关停落后产能的故事里，他坚持集体受益、信守承诺，要远比自己的22亿元重要得多。尽管故事背景不同，但每一个决策的背后都是对他人、对商业运行生态的尊重。

在曹德旺看来，他并没有把每个决策，看成是独立的博弈，没有单独去衡量其中能为自身谋取的利益阈值。相反，他将这些都看作是一个长期的、无限游戏中的组成部分。

会计学对企业管理非常重要

福耀集团是目前中国规模最大，全球第二的汽车玻璃供应商，福耀的成长发展过程中财务表现稳健，财务制度设计与执行是众多实业企业中少有的科学派，这一切都离不开曹德旺对会计学的情有独钟，以及他出色的财务管理思维。

曹德旺的学历并不高，14岁只读到初中一年级就辍学回家了，为了维持生计他在街头卖过烟丝、贩过水果、修过自行车、卖过树苗，小小年纪尝尽了生活的艰辛。但是，他是一个非常热爱学习的人，一生都在坚持自学，而真正让曹德旺掌握经营企业钥匙的是会计学知识。

1976年，曹德旺进入高山镇异形玻璃厂，1983年承包厂的七年时间里，他在福建四处奔走，结识了工业界同仁，建立起自己的采购网络，也在这个时间点上开始认识到会计学的重要性。

一天，曹德旺到福州水表厂办事，从会计科的书架上看到了

曹德旺：
尝遍艰辛，秉承善心

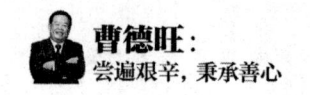

一本会计学教材，刚翻开绪论就被吸引住了，"会计工作是厂长的参谋和助手，要做到比有对象，学有榜样，赶有目标，帮有措施……"

当时的曹德旺还很年轻，他迫切地想要深入学习会计知识，把兴趣转为能力，于是他找到了福州水表厂的陈科长。陈科长在大学学的就是会计专业。在陈科长的倾囊相授下，曹德旺花了近两年的时间，渐渐理清原始凭证的归类、财务报告的分析，很快就能从报表上看懂企业的生产经营情况。1983年，曹德旺承包了濒临破产的高山玻璃厂，利用自己的财务会计知识，一年的时间就实现了转亏为盈。

2004年曹德旺打赢和美国的反倾销官司，也是会计学带来的福利之一。

2001年中国加入世贸组织之后，我国外贸出口迅猛增长，在此过程中，因为我国产品具有劳动力和原材料的成本优势，导致很多公司在海外被诉，其中福耀玻璃就被美国PPG联合其他两家玻璃公司以反倾销为名向美国商务部提起了诉讼。对手认为，民营企业会"做假账"，但没有想到，因为曹德旺对会计工作的重视，福耀玻璃的财务报表非常完整，公司早在1999年就上了专业的ERP系统，全部的账都是计算机做的，一个包装箱用多少木材、多少根铁钉、铁钉多长、一斤多少根的数据都记录在册，不能篡改，想作假都不行。于是福耀积极应诉，甚至把美国商务部反诉到了美国国际贸易法院。

经过一年半的努力，福耀赢了！这场诉讼，是中国加入世贸组织之后的第一个打赢反倾销诉讼的案例，轰动了全世界。曹德旺也因此被称为"中国反倾销第一人"，可谓是实至名归。后来，曹德旺还将这段经历总结成了一条经验，和大家分享，他说做企业首先要忠于现实、事实，不能弄虚作假，在会计上要建立他人的信任。甚至他还打算退休之后，到商学院去，专门教会计，讲述"不做假账"的理念，以及要像训练"警犬"一样训练自己的会计合规思维。

身为实业企业的掌舵人，曹德旺不但重视会计，还非常擅长学以致用。早在20世纪90年代初，曹德旺就筹划着想把玻璃卖到美国去。结果，准备合作的对象却带他去看福特博物馆。曹德旺的第一反应是：开什么玩笑？我是来找你做生意的，你怎么让我看博物馆？但转念一想，确实应该去看看。

博物馆里面美国经济发展的一些数据，让曹德旺受到启发。参观完之后，曹德旺即刻决定，福耀要专心做玻璃。

转眼过去近30年，翻开2022年8月31日福耀玻璃的半年报，可以看到公司的主营业务是为各种交通运输工具提供安全玻璃及汽车饰品全解决方案，具体产品包括汽车级浮法玻璃、汽车玻璃、机车玻璃等，其中上半年的主营收入中的玻璃收入占收入比例超过90%，被贴上专业化"玻璃"公司的标签顺理成章。

生产玻璃的公司，不仅收入同比上涨，毛利居然也超过30%，尽管近年来该指标呈现了一定程度的下滑，但仍然超过同行业水

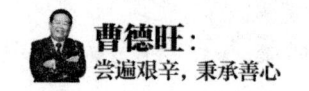

平，在疫情背景下显得难能可贵。为什么能够做到这一点？按曹德旺的说法，这也是学习的结果。比如，绝对不能偷工减料来赚取利润，而是要通过严格的管理，包括预算、统计、分析、评估、纠正，每个产品、每项费用都有严格的预算，还要把实际结果与预算进行比较分析，找到利润增长或成本下降的原因，还要在集团的所有员工之间进行信息的共享，如何提高质量、控制成本，还要技术创新、减少浪费。

很多经验其实来源于一家日本企业。当年，福耀的一家供应商是日本积水公司，主要售卖胶片给福耀。按照惯例，福耀会与对方进行讨价还价，比如你去年供应的价格是100，今年能不能降价到85，给我优惠个15%。在福耀的一再要求下，对方终于松口了，承诺自己将帮助福耀实现价格降低15%的目标。在经过福耀同意后，这家日本公司把福耀公司使用胶片的情况进行了统计分析和计算，尤其是浪费情况进行了深入调查，这个改进减少多少浪费，那个改进提高多少效率，最后一算账，对方价格一分没有降，仅仅通过帮助改善管理，用量的节约，就实现了降本15%的目标。这一招也被曹德旺学习到了，持续推动福耀内部经营管理的改善，尤其是成本方面，甚至可以称得上是"近乎苛刻"的要求。

除了复制性学习外部经验，曹德旺还把从管理会计学到的成本控制用在工作中。1995年，福耀新建的最先进的新厂房投入使用后，制造玻璃的成本并没有降低很多，很不理想。曹德旺调研后发现，主要原因是管理层的惯性思维。过去国内维修市场供应商都有一个共识，只要玻璃能卖出去，能卖几百上千元，成本是几十块还是100块都无所谓，不需要控制。但曹德旺本身学习过管理会计，他明白一个会计学道理"多卖1块钱不意味着真的赚了1块钱，而多省1块钱却是实打实的利润"。而随着福耀规模的扩大，成本精益管理的难度会越来越大。

为了进一步推动福耀生产线的精细化管理，降本增效，曹德旺亲自进车间调研，采集数据。为了得到准确的数据，生产线上的每一道工序，他都蹲上十天，仔细观察并计算出成品率，并了解每个工位的需求和每个人的职责。足足花了三个月深入采集数据，曹德旺计算出每1平方米的夹层玻璃单耗为2.26平方米，比之前生产的减少了26.5%，超过当时世界上最好的生产水平。

这还不够，曹德旺又亲自起草了夹层玻璃的生产工序指导书，保证每一道工序都按指导书生产。在写指导书过程中，他还重新设计了一张产品质量统计表，把做法、程序、操作手册、注意事项教给大家，来保证目标成本的实现。经过这次改革，科学的统计、分析、评估、纠正理念和管理工具开始在福耀生根发芽，精细化管理不但传承下来，而且成为行业的标杆。

所以财报上超过30%的毛利看起来很舒服，能够让公司过得比较滋润，但背后是对会计知识的灵活运用，不仅仅讲财务会计上的合规、不做假账、数字透明，还要讲管理会计上的成本管控，预算、统计、分析、评估、纠正形成闭环，持续改进，真正实现企业的精细化管理。

曹德旺：
尝遍艰辛，秉承善心

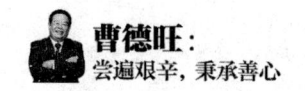

曹德旺把会计当作钥匙来解码经营，是一个很好的切入点，他向福特博物馆取经，向日本企业学习，真正践行了"比有对象、学有榜样"的会计理念。当今天的企业面临全球经济的复杂严峻形势时，在疫情持续反复、全球供应链危机加重、经济发展面临较大压力的背景下，如何实现收入、利润、现金流的稳健增长是一个挑战，向曹德旺学习，以会计解码经营，成为一个提供给更多行业和企业的新选择。

打破规则，重新定义行业标准

"一流企业卖标准，二流企业卖技术，三流企业卖产品。"在任何一个行业，标准都是一种游戏规则，哪个企业掌握了标准，就如同站在了行业的制高点上，掌握了市场竞争的主动权。其中所代表的，不仅是巨大的市场机会和经济利益，还意味着领先的地位和对行业内其他企业的巨大影响力和渗透力。

而这一点，早在1983年，曹德旺就已经有了敏锐的认知。

自从高山异形玻璃厂的产量有了大幅增长，号称"指标应有尽有"的曹德旺却在销量面前犯了难。如何才能实现产销结合，成为玻璃厂亟须解决的首要问题。

这时候，市场销售集中反馈的一个问题，引起了曹德旺的重视。厂子里按照水表玻璃图纸生产出来的产品，送到不同的水表厂，有些工厂认可，有些工厂却认为不合格。高山的玻璃，主要用于水表的安装，没有水表厂的合格证，也就意味着现金流就彻底断

曹德旺：
尝遍艰辛，秉承善心

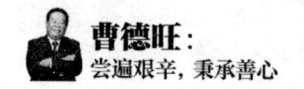

了。曹德旺开始认真思考这个问题。

曹德旺是做销售出身。在他看来，市场如果出现了问题，如果不是产品的问题，就一定存在产品以外的问题。只有找到问题所在，才能对症下药，真正解决问题。为了追根溯源，曹德旺召集技术部门、生产部门和销售部人员一起开会，将一机部对水表玻璃的要求和建材部对玻璃的要求进行比对。最终，他们发现，是部与部之间所定标准的不同造成了市场的混乱。

原来在20世纪80年代初，住建部管控玻璃，一机部仪表局监管水表。全国玻璃厂的产品，同时被2家机构监督，看似挺合理，却很不公平。建材部标准对同一片玻璃厚度公差的允许值是±0.2毫米，而一机部仪表局对水表玻璃设计的公差允许值却是±0.02毫米。两个公差的允许值相差了10倍！当时，高山生产浮法玻璃，这种玻璃价格低，但是内部凹陷很多，要达到设计图纸8级精度光边的高标准，在那个年代不可想象。设计图纸是一套标准，水表玻璃安装时，又是另外一套标准。曹德旺对此深感不合理，因为产品本身没问题，如此精度的标准对生产企业而言是完全没有必要的。

曹德旺自觉找到了问题的症结——就是这一不合理的标准要求，引发了玻璃市场的无序。一个行业只有在统一的标准约束下，才能健康地发展。本着对行业发展强烈的责任心，曹德旺做出了一个令人震惊的举动：他决定北上去找一机部，反映问题，修改原有的图纸标准。

拿着图纸，坐上火车，曹德旺一路北上到北京找到一机部仪表局。不过，到了北京，接待他的工作人员告诉他，这个问题，要找上海的热工仪表研究所讨论。于是，曹德旺又乘火车从北京到了上海。按仪表局给的地址，找到了热工所。接待室的工作人员带着他走进了所长的办公室，一见到所长，曹德旺就自报家门，然后开门见山地表达了想要调整水表玻璃标准的诉求。

"哦，什么问题？"所长显然吃了一惊。

"是这样的，在我们的生产和销售过程中，我们发现贵所设计的图纸，标准存在一些问题。具体地说，根据设计，水表压力要承受15公斤，是为了安全考虑，是需要的；表面清晰便于读表也是需要的。问题在于，第一，厚薄公差要求达到0.02毫米，和建材部对于浮法玻璃厚薄公差±0.2毫米的要求，相差整整10倍。第二，水表玻璃边部的磨边要求为8级精度，是否太高了？水表玻璃的边部多有凹进去的部位，那部分很难磨到。实际使用中也没有这个必要——玻璃的厚薄公差即使是建材部的±0.2毫米，都不会影响使用者看水表的刻度，也不会有人在买水表时将盖拆下来看玻璃的磨边是否符合标准。第三，设计稿上，没有标明水表玻璃是用普通浮法玻璃还是磨光玻璃，磨光玻璃的价格是普通玻璃的10倍！由于标准出自国家，但又不适用，极易造成社会的不公平交易。国家玻璃的资源本来就紧张，如此一来，岂不要造成很多玻璃的浪费？因此，我希望，你们能根据实际情况修改一下你们的设计图。"

曹德旺如竹筒倒豆子一般，不管不顾地就一路说完了。所长耐心听完，同时诚恳地表示对曹德旺所反映问题的认可，但同时也表

曹德旺：
尝遍艰辛，秉承善心

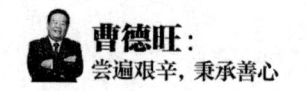

示修改设计图有困难，希望能够邀请曹德旺参加下个月在宁波召开的行业会议，希望曹德旺能够在会上发言，由大家集体讨论如何解决这个问题。

第二个月，曹德旺果然接到热工所的通知，到宁波参加他们的会议，并在会上做了发言。与会的专家学者们纷纷点头，同意了他的建议。这个会议，给高山公司和曹德旺送了一份厚礼：

1.凡是高山异形玻璃厂生产的玻璃不用开盖抽检；

2.水表玻璃厚薄的公差按0.2毫米标准。

从那以后，虽然关于水表玻璃的标准没能做修改，但市场上再也没有出现过质疑高山异形玻璃厂产品的声音。在曹德旺带领下的高山异形玻璃厂自此销量一路飙升。1983年，中国有220万只水表产量，仅高山异形玻璃厂就占了200万只，占中国总量的90%。

中国古代商道谓之：义利兼济。一名优秀的企业家敢于挑战、敢于承担责任，在挑战天下、挑战经验的同时，能够把企业做好，做到童叟无欺，促进社会正能量发展，但同时也需要有盈利能力。在曹德旺的身上，我们看到他对整个玻璃行业的厚重责任感，以及敢于去质疑国家机关制定标准、敢于挑战权威的勇气与魄力，而这份责任感和勇气，不仅挽救了濒临倒闭的高山异形玻璃厂，甚至彻底改变了国内玻璃厂一直被动的局面。

做企业，要瞄准市场需求

"不应该以价格高低来区分产业的高端和低端，而应该由需求去定义。""止于至善，追求完美，只做更好，是企业家应有的坚持。"2022年9月，曹德旺作为闽籍民营企业家代表在第五十次在京闽籍商会秘书长交流会上分享了自己做企业的感受体会。

曹德旺表示，福耀集团从开始就承诺只做一块玻璃，多年来坚持这一底线。市场需要、生活需要，就是高端产业，没有不好的产业，成与败只在做得好不好、做得切近不切近需求。作为企业家，就应该去瞄准社会和市场，解决需求。那什么是社会需求和市场需求？每个人的职业不同，能力不同，定义自然也就不同。对于曹德旺来讲，他认为的社会需求与市场需求是玻璃。

与汽车玻璃结缘，对于曹德旺来讲，完全是一个偶然，但偶然的选择却选对了方向。1984年6月，在高山异形玻璃厂做采购员的曹德旺意外窥到了中国玻璃制造产业的现状。其实不仅是玻璃产

曹德旺：
尝遍艰辛，秉承善心

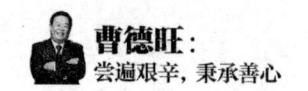

业，20世纪中国制造业普遍存在这两种情况：一种是许多产品打着中国制造的旗号，可是技术却是国外的。因为我国人工费低，所以许多产业都会选择在中国进行加工。

还有一种情况是技术确确实实是中国的，但是制造出来的东西质量却参差不齐，导致许多人都不愿意买，还是会花大价钱去买国外的进口产品，玻璃行业就是其中很典型的一个行业。尤其是汽车玻璃，当时国内的汽车玻璃基本被日本垄断，一块进口玻璃就高达几千元。但是当时人们的工资才多少？据有关部门统计，1980年全国职工的年均工资不足1000元，足以见进口玻璃价钱之贵。可就算这样，国产玻璃虽然比进口玻璃的价钱便宜了相当多，但是因为质量不达标，人们还是宁愿多攒攒钱，花几倍甚至几十倍的价钱去买进口玻璃。

一个行业面临着质量参差不齐的情况，除了代表这个行业发展落后之外，还反映出了这个行业前景十分辽阔。曹德旺看到了国内玻璃汽车制造行业巨大的商机和市场前景，决定进入汽车玻璃行业，开设福耀玻璃厂。

销售出身的曹德旺深知国产玻璃背后所代表的生产技术水平的落后。在接手玻璃厂后，曹德旺确立了战略目标——攻克技术缺陷。为了研发新的生产技术，他不仅开启了人才引进计划，用高薪吸引技术人才进行技术研发，还从芬兰引进了最先进的生产设备，历经无数次的测试和失败后，曹德旺终于制造出了质量远高于国内玻璃，价格却远低于进口玻璃的"中国玻璃"。

高山生产的本土汽车玻璃的问世，不仅彻底宣告了国外进口玻璃对中国汽车玻璃市场垄断的结束，也让曹德旺在国内以黑马之姿，一跃成为汽车玻璃制造业追捧的明星。

"现在想想，做企业，目标很重要，只有方向正确了，企业才能走得远。"曹德旺后来回忆说，这是自己一生中做得最正确的一件事情："你做的一定要瞄准市场需求，如果你投资的产品是社会急需的，能够帮助老百姓提高生活质量，帮助企业提高生产效率，这个产品想不发财都不行。"

作福耀玻璃，曹德旺也遇上过各种问题，小到引入人才档案存放，大到美国反倾销案应诉，甚至没有任何案例可借鉴，万事只能靠自己去试，去想，去努力解决。

20世纪80年代和90年代的中国，在延揽人才方面，民企的劣势十分明显，无论是铁饭碗的传统思维，还是现实的档案管理、社保福利方面，民营企业都没法跟国企比，但是，不管有多麻烦，每一次，曹德旺都积极地去解决。为了解决企业聘用大学生的档案问题，他三番五次地跑人事局，谈改革、谈需求、谈人事档案制度的不合理，最后，居然被他跑出了全中国第一个"人才交流市场。"

面对美国反倾销案，这是个超越经济的政治问题，很多同行都选择放弃，曹德旺偏不信这个邪，承受着高额罚款压力的同时，还不断上诉，准备的资料足有一屋子那么多，经过两年的鏖战，最终取得胜利。曹德旺不仅保住了美国市场，也成为中国"入世"以后，获得反倾销胜诉的第一家企业。

曹德旺：
尝遍艰辛，秉承善心

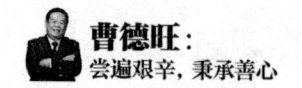

  曹德旺最初的想法很简单——做一片中国人自己的汽车玻璃。也正是因为这个信念，他才会积极地排除万难，为了目标不断前进。后来，他真的做到了！1987年，曹德旺成立了福耀玻璃有限公司，他的产业也越做越大。进入90年代，福耀登上中国资本"股份制改革"的大船，1991年完成股改，1993年上海证券交易所挂牌，成为中国最早上市的工业企业之一。

  "天时地利人和"，成就了福耀玻璃和曹德旺。而其中最重要的第一步：天时，是改革开放带来的市场需求。可以说，曹德旺的成功离不开国家的需要和市场的需要。

第三章

一身傲骨，有所为，有所不为

既然要走成功这条路，那么就恪守诺言，坚决不走歪门邪道，你每一天中的每一分钟每一件事情，都是人生大厦的一块砖，我们自己是在码砖。曹德旺曾无数次在公开采访中表示，自己只会做汽车玻璃，凭智慧赚钱。而事实证明，福耀玻璃的每一步都走得很踏实，也正是这份"一网鱼中"的经营之道，才让福耀能得以长久立足。企业经营同样要懂得放弃，才能避免成为竞争企业的"陪跑者"。

曹德旺：
尝遍艰辛，秉承善心

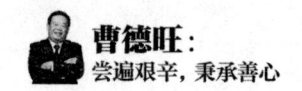

遵纪守法的商业智慧

在过去的很长时间里，曹德旺身上最引以为自豪的、让投资人放心的，就是福耀玻璃是实业经济中最不担心查账的公司。

曹德旺认为：清白才能捍卫产业。三十年的企业经营，三十年的波涛激荡，曹德旺在很多公开的场合都说过，自己没有贿赂过任何一个官员，"我连一盒月饼都没有送过。"曹德旺说。事实上，这句话不是谁都有底气说的。曹德旺可以在某地买一块地，建厂生产，随后产品出售到全世界去，从未向任何一个官员行贿，该交的税款一分不少。这是一个企业家对法律的敬畏，是对汽车玻璃行业的坚守和捍卫，才造就了今日的福耀玻璃王国。

2001年经济危机时，地方财政紧张向曹德旺借钱，并以5年8000万的价格将福清市至宏路镇的公路收费权承包给他。从2003年正式接手，仅用了两年半时间，曹德旺就收回了成本，但他却建议把收费站拆掉。2006年，收费站最终拆除。按照合同期限，曹德旺可以多经营两年，多赚一两亿，但最终买单的还是老百姓。所以曹德旺选择在合同尚未终止的时候就主动停止经营收费站。中国的文化中，一直讲究义利兼济，作为企业家的曹德旺始终恪守责任底线，承担社会责任，也为福耀的后续发展赢得了更多的社会信任和认同。

曹德旺一直都很注重自身以及福耀运营中的守法管理。在此后的几十年里，有人向市里举报过他贪污，有人向省里举报过他贪污，有人向中央举报过他贪污，但市里、省里、中央都派人来调查了，都没有查到曹德旺贪污一分钱的证据。不仅是曹德旺，他的福耀集团也从不给任何官员送礼。曹德旺说他自己会与官员们保持适度的距离，虽然也会在一起吃饭喝酒，但他表示自己不会开口去求他们。早年间，政府开放国企购买进口汽车，但购买进口汽车要求有海关审批。当时的曹德旺几乎每天都会跟海关关长见面，但他的汽车牌照一直是绿牌照，从未要求关长给自己行任何的方便。

这样的做事风格，在那个做事留三分余地的年代当然会让曹德旺在生意上有不小的损失，但他始终绷紧心中的底线："反正我只做汽车玻璃，凭智慧赚钱。如果我要做房地产业，可能会比很多企业都做得成功。但是我就像一个渔夫，一网鱼中，我只要带鱼，其他的让给别人去收获。如果心里能有这样有舍有得的心态，赚钱后也安心。"

曹德旺：
尝遍艰辛，秉承善心

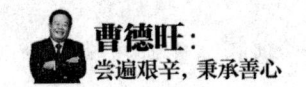

  心有正气，坚守法律底线，永远走正道，曹德旺正因为坚持了这样的商业规则，他的言行不仅深得人心，还影响着身边的每一个人。他靠着自己的实力，将福耀越做越大，不仅做成了行业龙头，还做到了全世界。

原则面前无等级

作为一个农民做到中国第一、世界第二的玻璃大王,曹德旺自是有自己的一套"曹氏"原则,虽然没有受过正规教育,可以说是实打实的野路子,但却形成了一套属于自己的处事原则:他认为一个企业想要做好做强,企业就要有自己的底线,而不是随意奉承领导,做生意就和做人一样,双方觉得生意合适就合作,不合适就不合作,这就是曹德旺做企业的底线。

几十年里曹德旺经历各种风风雨雨,对于坚持自己的原则这件事,他从不只是嘴上说说,也是这样做的。1987年,在建立福耀工厂之初,为了得到县里的支持,他申请与县里合资办厂,县里也为了支持他,专门派了一位副县长做厂里的董事长。虽然副县长是董事长,但是,具体负责事项还是曹德旺,厂子建完开始招聘员工,要进行笔试和面试环节。因为考试只考语文一科,为了保证这次考试的公正,拒绝走后门的歪风邪气,曹德旺专门请福州第一中学的语文教师出

曹德旺：尝遍艰辛，秉承善心

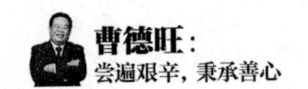

题，出完题印好，封存。考试那天，曹德旺带着密封好的试题来到考场时，他对参加考试的300多名考生说："我听到一些流言蜚语，有人说考得再好也没用。我可以明确地告诉大家，考试就是为了公平，机会只有一次，请你们务必认真作答。"

考试成绩一出来，曹德旺没有丝毫犹豫，直接吩咐办公室主任把递条子的人剔除，剩下的人再按照成绩高低排名，取前100名面试，其余作为候补人员。

"原则性强，六亲不认"，这是曹德旺身边人给他的评价。他做事的原则非常强，做事情一是一，二是二，或者在很多人看来这样的性格是不会做人，但就是曹德旺这种不讲个人情面，不轻易妥协的态度才成就了福耀集团汽车玻璃行业霸主的地位。

福耀企业从无到有、从弱小到发展壮大，几十年人生经历，曹德旺在商业取得巨大成功的根本原因在于：他始终坚持自己的准则。对于曹德旺这种经营方法，很多人表示不能苟同，大多更倾向于为人圆滑，最好能左右逢源，仿佛只有这样才能避人锋芒，佑得自身顺利，但往往，自诩聪明的"老油条"更多的时候只会被人看低。而坚守原则和底线，能够将自身的人格充分显示出来的人，越发能够赢得别人的尊重。

对此，曹德旺深有体会，"没什么好得罪的，我本分做我的生意，我的产品卖到全球各地，我在这里投资建厂，解决了就业，拉动当地经济增长，还是纳税大户，为难结果就是双方都是输家。"

自重者他重，曹德旺坚守自身的行事规则和底线的同时也获得了他人对自己的正视和尊重。虽然，这样的事情仍旧不可避免地让曹德旺以及福耀本身的经营者遇到了或大或小的困扰，但也正是这份面对外界不动摇不妥协的态度，才让福耀成为最受员工和消费者信赖和尊敬的企业。

曹德旺：
尝遍艰辛，秉承善心

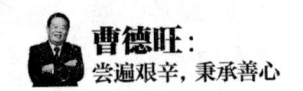

突破世俗，推动改革

创办企业，从战略上来讲，最重要的是要能够打破常规，拓局谋变。洛克菲勒说："如果你要成功，你应该朝新的道路前进，不要跟随被踩烂了的成功之路。"在过去的几十年里，曹德旺带领的福耀玻璃不断求变谋生，让福耀的路越走越宽，给中国汽车玻璃行业不断注入新的生机。

曹德旺可以说永远在破局。他从不会重复别人的失败，也绝不会在困境面前折返，当前人的经验无法摆脱困局时，他就会选择走出一条自己的新路。

第一次，曹德旺决定和玻璃厂一起合资办厂。当时中国的企业还没有合资的先例，但他坚信改革开放的道路总得有人先去走，于是和镇领导共同解决了资金问题。第二次，曹德旺承包高山异形玻璃厂，并决定生产属于中国人自己的汽车玻璃。

业务出身的曹德旺在一次出差途中，发现市场上的汽车玻璃都是进口货，而且非常昂贵。当时的车主们就算玻璃坏了，也不愿意更换，安全隐患非常大。为什么中国没有人做汽车玻璃呢？经过调研，他发现，汽车不是国产的，玻璃生产出来只能卖给国内的维修市场。汽车车型又多又杂，而维修市场每个品种的量太小，做了也没法卖。思维敏锐的曹德旺立刻从中嗅到了商机，他果断决定要生产出中国第一片汽车玻璃。说干就干，他开始马不停蹄地协调资源，准备原料，只耗时8个月就生产出了中国第一片汽车玻璃。

在很多人看来，福耀玻璃的成功是曹德旺误打误撞的结果，但殊不知不管是合资办厂，还是生产汽车玻璃，让曹德旺获得成功的是不因循守旧，勇于破局，打破规则。

曹德旺认为做企业就像每个人的人生，没有谁是一帆风顺的，只有当我们选择了打破僵局，才会出现新的转变和边界。1988年夏天，福耀玻璃还在积蓄力量，静待成长。很快，初创时期的福耀就遇到了一个拦路虎。创办企业，从战略上要解决的问题第一是产品定位，其次是资本、技术、人才等。企业发展需要延揽各类专业人才，如受过高等教育的会计师、各工种工程师等。福耀也一样，急需人才的补充。但当时，非国有企业很难招到好的人才，那时的大学生都只愿意去政府、国企。而福耀原高山玻璃厂最优秀的人还是与要求有一定差距的。一是技术不能满足进口设备消化要求，二是管理上也不能满足岗位设计。那时曹德旺花了九牛二虎之力去闽江大学游说，几次下来，才招了3个财务专业的毕业生。

为什么当时合资企业、私营企业招聘工程师这么难？

曹德旺：
尝遍艰辛，秉承善心

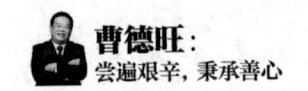

  曹德旺到处打听后了解到，当时受过正规教育能满足企业引进设备的人才，都在大国有企业里。他们那时虽然效益不好，经济困难，但旱涝保收，员工每月可以保证领到几十元工资，在当时，这份工资，不高也不低，可以满足一家人的生活需求。虽然合资、私营企业愿意以每月几百元的薪水聘请他们，但他们会顾虑这些企业能不能长久生存。如果企业短命，三五年就倒闭了，那他再找工作就困难了！其次，在大型国有企业里，虽然收入不高，但好在稳定，有社会地位。

  不得已，曹德旺转而尝试着向几所工科大学求援，希望他们能动员一批刚刚毕业的大学生到公司来。可他们又提出一个新问题：合资公司能否接收大学生的档案？电话咨询福建省人事局，得到的答复：国家目前没有这个政策。难道，非国有企业不需要人才？难道，非国有企业不需要发展？曹德旺走访了很多企业，发现这是一个普遍存在的现象。当时的他意识到，人事档案政策的滞后，已经严重影响到市场经济发展的进度，甚至影响到了改革开放的大局，这个问题必须得到解决。

  下定决心的曹德旺一趟一趟跑福建省人事局，三番五次拜访时任人事局局长、处长，谈改革，谈需求，谈人事档案的规定不仅是影响了刚起步的福耀，同时影响了如雨后春笋般涌现出来的许多合资、独资企业。曹德旺的话终于打动了局长。局长向省长汇报，作为试点，福建省人事局率先成立全国第一个人才交流市场，也就是现在的中国海峡人才市场。当时的功能是接收大学毕业生去合资企业就业的档案，解决档案落户问题。

1989年，人事档案——这个横亘在合资企业与独资企业聘用大学生面前的"拦路虎"被曹德旺彻底搬走了，此后的两年内人才市场的模式迅速发展，在全国普遍开展起来。

或许在很多人看来，曹德旺的行为看起来很费解，他一个企业老板完全没必要亲自去处理员工招聘问题。成功的人往往都拥有一身傲骨，在他们看来，任何一件影响企业发展的事情，都值得亲自去处理，去打破规则，去改变。人生的困局就像是岛屿和暗礁，冲破它，才能看到生命的美丽浪花。而能够破局的人自然会得到命运的馈赠。

无论是在企业的发展中，还是在个人的慈善事业中，曹德旺始终坚持的不是因循守旧，而是打破规则。在曹德旺看来，解决问题的唯一办法就是不让别人的方式成为自己的局限，而是要学会打破常规，成为别人的前人。为此，曹德旺借鉴了西方公司在企业结构治理上的方法，由此改组了公司董事会，在上市公司中率先将独立董事制度引进董事会，用以完善公司治理机制。2001年，国家证监部门颁布了《关于在上市公司建立独立董事制度的指导意见》，强调了上市公司设立独立董事的重要性。现在，上市公司成立独立董事制度已成为普遍现象。

时代变革的潮流中，企业和管理者也会因此遇到各种各样的问题，为了能够顺利适应和生存，曹德旺更善于打破规则，扩宽局面，注入可能。2011年，曹德旺捐赠了3亿股福耀玻璃股票，创办

曹德旺：
尝遍艰辛，秉承善心

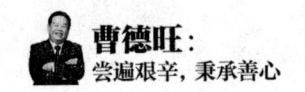

了中国首家以股票捐赠形式支持社会公益事业的"河仁慈善基金会"，该基金会以股捐建立的形式开创了中国基金会资金注入方式、运作模式、管理规则等领域的先河，标志着中国慈善事业迈出了新步伐。2016年，我国《慈善法》颁布，"股权捐赠"首次被写入条例。

很多人说曹德旺白手起家的故事是中国改革开放第一批民营企业家的缩影，九岁辍学的放牛娃，披星戴月做小生意的少年郎，到后来扬名世界的"玻璃大王"，曹德旺是坚实打拼的一代中国企业家。

贫困、艰难、磨炼，这些词是世人最喜欢贴在他身上的标签，但其实敢于破局、改革求变才是他成功的根本。曹德旺经常说是改革开放的政策改变了他的一生，但也是他的积极求变将中国汽车玻璃行业带入了一个新的局面。天地为盘，人生如棋。改革开放的春风一夜之间吹满了大地，但唯有敢于不断破局，才能像曹德旺一样扩宽人生的局面，看到更大的世界。

绝不妥协，倾家荡产只为一股正气

"卖不卖玻璃是小事，但绝不能黑白颠倒，事实不分，被人弱肉强食。"这是2002年曹德旺在面临美国贸易法院向包括福耀玻璃在内的中国汽车玻璃行业发起反倾销调查时曹德旺对福耀玻璃的全体员工说的一番话。也就是从这个时候开始，曹德旺带领福耀员工成立专门的反倾销应诉办公室，准备和美国政府打一场"胳膊拧大腿"的官司。

不想走向海外的企业不是好企业。其实，在1995年，福耀玻璃就开始逐步进军美国市场，一开始，曹德旺想绕过美国经销商，直接和当地的客户做生意。几年下来，利润都被中间商赚走，不但没盈利，反而还亏了1000多万美金。为此，曹德旺改变主意，撤掉美国所有仓库，果断把分销变直销。这么一来，美国市场也终于打开了，一年就把亏损的上千万都赚了回来。2002年，眼看着中国进出口总额超过了6000亿美元，占据美国玻璃市场12%的份额，领先世

曹德旺：
尝遍艰辛，秉承善心

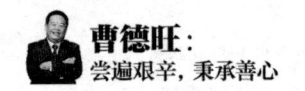

界近半个世纪的涂料和特种材料供应商PPG工业公司，先后两次牵头将福耀告到加拿大税务和海关总署，以及美国商务部，请求开展反倾销调查。裁定书很快下来，加拿大以24%、美国以11.8%强制加征反倾销税。

刚想大刀阔斧占领海外市场就被打压，很多本就在观望看戏的人就劝曹德旺放弃硬碰硬，老实做国内市场，不要奢望赚外汇。但遇难妥协当逃兵从来不是曹德旺的性格，曹德旺当即表示，如果自己不起诉，对福耀来说，影响是不大，不能卖到这个国家，可以卖到其他国家，还可以转内销。之所以要主动地出来积极应诉，是因为在这件事情上，是否应诉不仅代表福耀，更代表国家。为此曹德旺坚持不妥协，甚至还一个反手就把美国商务部告上了法庭。

要知道，这个举动意味着什么？这是中国加入WTO组织17年来，中国企业反击状告美国政府的第一例。

反倾销官司之难，就在于诉讼期漫长，还需缴纳高额企业税金，这足以将一家公司拖垮。这也是为什么明明在国际贸易中没有明显过错，却没有任何一家企业愿意出面与美国政府打官司的根本原因。

中国有句古话，"不做亏心事不怕鬼敲门"，更何况，曹德旺坐得端行得正，一切凭证单据都保存得很好，清清白白不怕查。这一年，曹德旺亲自坐镇，首先出资几千万元聘请当时涉及对外贸易最有经验的律师团队，接着以个人名义赞助对外经贸大学成立专门研究反倾销案件的小组，采取打官司和理论研究"双战略"，以便帮助更多的中国企业在国际贸易中应对此类问题。

经过2年多时间的漫长等待，2004年10月，在曹德旺的努力下，福耀玻璃近乎完胜赢下了反倾销官司，美国商务部重新判定福耀玻璃不构成倾销，税率也被调整到0.13%，同时还退还400万美元的税款。至此，在曹德旺的带领下，福耀在美国的反倾销案大获全胜，成为中国加入WTO以后，第一个打赢反倾销案的中国企业。

这场官司的胜利，不仅让福耀玻璃等中国企业在美国市场站稳了脚跟，更重要的是为全球消费者树立了中国企业守法经营、不轻易认输的形象，为中国企业家在全球市场的竞争中赢得了尊严与尊重。

曹德旺的"不妥协"不仅表现在海外竞争中，同样的故事还发生在曹德旺和国内供应商的官司上。

1991年，福耀上市前通过卖原始股募集到了不少资金，大家都没见过这么多钱，这笔巨款到底该怎么花，成了曹德旺和福耀面临的一大难题。当时的福耀已经是即将上市的公司了，曹德旺便召开了董事会来讨论这笔钱的投向问题。有说投资IT业的，当时的联想已经是中国IT界的巨无霸，一年营收十几个亿；也有说搞多元化经营的，福耀只生产玻璃，盈利模式太单一，抗风险能力也不足，应进行多元化投资。最终曹德旺听取了当地领导的建议，选择了当时热门的房地产行业，为家乡建一个福耀工业村。

于是，福耀在福建当地找了一块500亩的土地，计划以厂房建

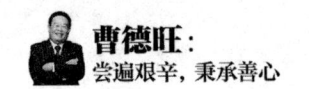

设为出发点，配套住宅、商场等，打造一片工业村，项目由福建省一建集团（省一建）承做。

但项目从开始就麻烦不断，先是地基严重漏水，施工不得不停止，福耀要求省一建整改，省一建因为整改费用太高，连尾款都不要就跑了。没办法，曹德旺只能自己另找工程队来干，结果没多久，前面跑掉了的福建一建反过来以福耀不支付工程尾款为由，将福耀告上了法庭。

曹德旺虽然有理有据，但还是输了官司，最后的判决是要给对方尾款的钱。

像曹德旺这样白手起家的企业家，诚信经营是信条更是底线，即使福耀的法务团队已经预判到福耀在这场官司中即使胜诉也会消耗掉大量的人力和财力，并建议曹德旺快点结束这场官司，但曹德旺还是坚持上诉。

曹德旺告诉大家："若我们因为麻烦而放弃，那对方就更加嚣张，其他的企业说不定也会遭遇同样的事情，我们一定要坚持到底！"在他看来，打这场官司是关系到福耀的声誉的，如果不打，那么福耀就会变成一个不讲信用的企业，这是会影响福耀发展的。

此后，曹德旺便一直上诉，而且收集了合同、工程质量记录等资料，以质量不过关将福建一建告上法庭。很快，曹德旺这边的官司就宣告胜诉了，法院要求对方做出工程质量赔偿，总的来说双方是各下一城，不分胜负。但对方不服，又向省高院提起了上诉，这一上诉就进入了持久战，官司打到2000年才在法院的调解下结束。但曹德旺不仅浪费了6年的时间，造成的损失加起来差不多也上亿元了。

在曹德旺的人生中没有"妥协"二字。在国内打官司，打的是诚信经营；在美国打官司，打的是民族尊严。正是因为有曹德旺这样有原则不轻易妥协的企业家，才让更多的经营者相信公平和正义永远不会迟到。

曹德旺：
尝遍艰辛，秉承善心

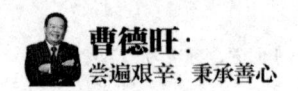

不要只盯着成功人士学习

曹德旺从小的生活就非常艰难，在很小的时候就被迫退学，但无论物质条件怎样匮乏，他都保持了良好的学习习惯。在创业初期，曹德旺更是凭借着自学的会计学知识，进而构建了完整的会计思维，从而建立贯彻自己经营意志的财务系统，进而更好地服务于公司业务活动的开展，进一步促进福耀企业的成长。

20世纪90年代，在曹德旺的领导下，福耀玻璃走上了发展的快车道。为了成为出色卓越的公司总经理，带领企业更好地发展，曹德旺又自学了MBA的许多课程，其中包括管理会计、财务成本、财务管理、统计学、管理学、质量管理、金融学、微观和宏观经济学、国际金融、国际贸易和市场营销学等。1995年，曹德旺又运用自己掌握的管理会计财务知识建立了目标成本制度，把福耀夹层玻璃每平方米损耗从2.8降到了2.1，达到世界先进水平，福耀第一次成本改善的管理革命取得圆满的成功，为后来福耀的发展奠定了坚实的基础。这一切的背后，离不开曹德旺强大的学习能力的支撑。

从泥腿子乡镇企业家到上市公司掌舵人，再到成为"汽车玻璃大王"，曹德旺良好的学习习惯起到了非常关键的作用。

那曹德旺的学习习惯是什么呢？他又是通过什么样的方式来汲取大量的知识的呢？曹德旺用简短的十二字作了概括性回答：学不择时，学不择人，学不择地。该如何理解这句话呢？其实，用曹德旺的话来说，除了书本上的知识，他认为天下所有的人所有的事，凡是见过的，觉得有裨益的地方，都应该向对方学习，取长补短。

曹德旺有这样的学习观，离不开小时候父亲对他的教导。

当时，小曹德旺随着父亲外出，父亲指着街上的乞丐问："德旺，你觉得他们值得你学习吗？""他们？有什么好学习的。"小曹德旺一脸不屑。

但父亲接下来的一番话，却让曹德旺至今记忆犹新。父亲告诉他，不要看不起乞丐，就算是流落街头的乞丐，也有值得别人学习的地方。他们为了存活下去，可以不顾寒暑，放下面子去乞讨。如果有乞丐这种精神，那一个人无论身处怎样的困境，都能活下去。

其实，这也正应了中国这几句俗话，"三人行必有吾师"，"三个臭皮匠顶个诸葛亮"，"择其善者而从之，其不善者而改之"。也就是因为父亲的这番话，曹德旺从创业初期，就从不看轻任何人，而他也因此总能得到意外的收获。

1985年，曹德旺刚开始生产汽车玻璃，有个问题一直让他头疼。在当时的市场上，每种汽车玻璃的尺寸都不一样，导致一旦接

曹德旺：尝遍艰辛，秉承善心

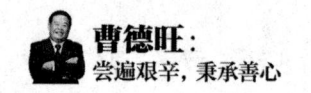

到不同型号的订单就要准备很多相应型号的设备，产量上不去，成本也下不来。可是他一直没找到好的解决办法。

正当曹德旺一筹莫展的时候，一位厦门的玻璃生产商找到曹德旺，想代理福耀的汽车玻璃，就带曹德旺去自己的厂里考察。可是到了厦门，车子却在半路上不断兜圈子。曹德旺心想，他是根本没工厂，还是不想给我看？

于是曹德旺催促他快些，那位生产商把车开到城外去，等真的到了所谓的工厂，曹德旺一看才知道所谓的工厂就是一个生产队报废的仓库和一个土炉灶。仓库里连个工人也没有。

这位厂长不好意思地跟曹德旺解释，我平常不开车，谁的车玻璃碎了，我就到这里，我划一块平板玻璃给他现烧。他还指着一个四边框的丑架子，说这是他们的万能模具。声音里透着自豪。如果是一般人，看到这样的场景，肯定就认定自己上当受骗了，可能当下就生气得走掉了。但曹德旺想到父亲的话，还是决定看下去。

为了验证自己的话，这位厂长当即操作起四四方方的万能模具，给曹德旺演示：如何固定，如何用螺栓调整玻璃烘弯的弧度。按照这位厂长的操作，仅仅是使用这样一个模具，就能生产所有型号的车玻璃。

曹德旺当下就高兴了起来。因为在曹德旺自己的汽车玻璃生产车间里，模具都是从上海定制的，做一个模具就得两三万。一个模具只能做一款车玻璃。每换一款玻璃的生产，就得更换一副模具，费时费工还费钱。

回到工厂后，曹德旺马上在万能模具的原理上，进行了更科学的改造，在厂内全面推行，大大地降低了生产的成本，利润比以前翻了几倍。

人不一定要多伟大才值得学习。曹德旺就从不存藐视之心，而是慎重地对待每一个项目和企业。

其实，两千多年前，中国伟大的思想家、教育家孔子曾经说过一句类似的话："三人行，必有我师焉，择其善者而从之，其不善者而改之。"而这句话的意思，也是让人懂得学习不分贵贱的道理。

曹德旺：
尝遍艰辛，秉承善心

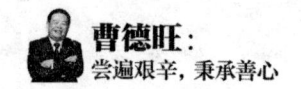

赢得企业和社会的尊重

企业经营不能把自己的利益建立在损害社会之上。而企业家的诚信相应地会为企业收获"财富"——来自客户、股东、政府，甚至是社会的信任。曹德旺说，经商最重要的就是经营信誉。如果一个人没有了信誉，就失去了生存价值。正是这种对社会公信力的坚守，曹德旺才能始终坚守本心，福耀也才因此发展壮大。

任何经不起推敲的事情，千万不要做。曹德旺少年家贫，经历了很多，甚至是受了很多欺凌，这些经历从未真正地打垮他，反而让他开始思考自己应该怎样做人。小时候在乡下过中秋节，农村孩子们会捡瓦片，砌塔玩。曹德旺的塔砌得最好，从中他悟出一个道理：塔要盖高，下面一定要盖好。在他看来，我们每天都在做的每一件事情，都是我们人生中的一块砖，要经得起推敲。经不起推敲的事，千万不做。否则将来，这个地方有缺陷，就会塌下来。

退回政府补贴1000万，在曹德旺看来，是让他心安理得的事情,也是他能够赢得通辽政府信任很重要的一个原因。

2009年,国内整体经济形势不好,提前预警的曹德旺决定关闭连续亏损的两条通辽浮法玻璃生产线。当通辽政府知道这个消息后,通辽市有关领导,急忙找到曹德旺,希望他能晚一年再关闭生产线,这段时间的损失市里将会全部负责,曹德旺同意了,结果第二天,福耀账上就收到了通辽市打过来的1000万元一季度亏损的补贴款。因此通辽生产线又继续开了一年。

有了市里的补贴,福耀通辽玻璃厂渡过了难关。当年8月,财务报表显示前7个月的利润总计已达4800万元(含补贴1000万元),曹德旺见此,立刻让人将市里的1000万元给退了回去。

曹德旺的下属不能理解曹德旺为什么非要还钱,甚至等曹德旺到了市里,表示自己要退还补贴的时候,市里也推辞,认为曹德旺不必归还。但曹德旺认为,这笔钱本来是补贴亏损的,但我既然盈利了,我就不该要。

通辽市有关领导听说此事,在当年的全市经济会议上说:政府拨款资助企业,企业却坚持退回,而且还是民营企业,真不简单!我从大学毕业到现在当市委书记,拨款无数笔,发出去的钱,从来没有人退回来,但曹德旺做了,这样的民营企业家,值得我们学习!

其实对于福耀集团来说,1000万确实只是小数目,但对于一家企业来说,这是经营信誉。曹德旺认为:一个人没有了信誉,就失去了生存价值。这笔钱是因为自己错误判断经济形势说会亏损才得

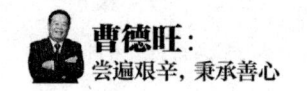

到的，现在没有出现亏损，按理应该归还。这样做，才会赢得他人的尊敬。以后万一有困难人家也会理解并帮助你。信任无价，正因为曹德旺这种"土"得掉渣的原则和道德，才让曹德旺赢得了通辽市政府，乃至社会的信任和尊重。

2001年，福州市跟银行借了不少钱发展调水工程，到期需偿还本金和利息，然而账户上却没有钱可以还，于是福清市领导就找到曹德旺，希望向他借7500万元，解燃眉之急。当然这个借钱不是强制性，福清政府会把4个收费站抵押给曹德旺，并授予5年的收费权。

五年的收费站收费权，不用花费太多成本，只需派几个人坐在收费站里，还钱只是时间问题。在仔细权衡之后，曹德旺同意用自己持有占比100%的企业做抵押，向银行贷款7500万借给福清市政府。

三年后，曹德旺通过收费站的盈利将政府的借款还清之后就将收费站拆了，并没有继续做下去，别人对此都很纳闷，问道："你这还有两年才到期，怎么就拆了呢？"

曹德旺解释道："我并没有想过要把收费站作为盈利的渠道，帮助完家乡之后，这些就没必要再做下去了。"在他看来，经营企业最重要的是要每件事情经得起推敲，诚信经营。

有些事情就是再赚钱，也不能做！

除了经商的信誉和社会公信，曹德旺始终抱着感恩的心态，积极履行社会责任。比如，福耀几十年来始终如一地尊重法律，坚持深耕玻璃行业，挑战尖端，负责任地向全世界提供最好的产品，让中国的汽车玻璃用品能够在世界舞台上闪耀。同时，在不影响企业发展的前提下，以捐赠的方式帮助社会进步，承担社会责任。

社会责任，是企业经营中很重要的部分。作为企业家来讲，要正确看待自身的社会角色，向社会负责，只有这样才能让企业走得更加长久。

第四章

守成之道，企业管理价值至上

企业发展是一个过程，任何企业的发展都会经历从快速扩张到守成发展的阶段，长期过快的发展，会让公司的内部管理变得分散，无法长久支持企业的进步和长久，也就是说企业的价值文化对公司的管理有着非常重要的意义。福耀玻璃在改革开放初期吃到了经济大跨步发展的红利，然而随着福耀玻璃走上经济全球化的进程，企业发展开始降速，进入内部精细化管理时期。而企业管理中的文化价值就成为稳固企业内部，促进企业长远发展的有效手段。

曹德旺：
尝遍艰辛，秉承善心

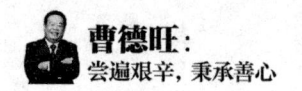

执行力的价值

"世界经济在调整，福耀要利用这次机会，脱胎换骨，通过狠抓销售、抓技术、抓管理，让福耀逆势成长为真正的全球第一。"这是福耀玻璃2018年年报中曹德旺作为董事长致辞的最后一句话。"通过40年的坚守实业、做精主业、不断创新、高质量发展，成就了行业龙头地位。"福耀玻璃的回答显得很正式很堂皇，但堂皇的背后是强大的团队执行力带来的自信。而团队的执行力来自曹德旺的以身作则。

1995年，在经历上市危机后的福耀集团决定对公司进行战略重组，将产品的市场定位从原来的国内维修市场，拓展为出口维修市场与汽车厂家的OEM。

众所周知，一个实业家需要掌握企业管理所需的各种能力，但显而易见，这些能力并不是曹德旺与生俱来的，而是他不断总结不断学习的结果。福耀这次由危机引发的重组，犹如凤凰涅槃一般。

在这场重组改革中,作为领导的曹德旺亲力亲为,不仅顺利完成了福耀的内部管理革命,也为公司内部的员工树立了非常好的榜样。

曹德旺的执行力首先在着装打扮上就能体现。当时的福耀集团内,行政人员大多都不习惯着正装上班,但曹德旺觉得衣着的职场化是企业管理的一部分,也是企业形象的一个重要展示,所以为了能够起到带头作用,即便是在夏天,下工厂的曹德旺也会穿西装打领带。这就是榜样的力量,员工们上班时候一想到老板下工厂比他们穿的都正式,就不好意思穿便装了。

曹德旺的执行力在此次的内部精益化改革中更是展现得淋漓尽致。

1995年,当时的福耀集团正处于飞快发展的阶段,福耀的汽车玻璃已经从内销转向出口,但是思维惯性导致管理层对于成本跟质量的管理不到位,质量得不到提升,成本也得不到有效控制,大家都沉浸在福耀玻璃成本几十块,却可以卖到几百上千元的大好形势中,却没有人继续追求更好的成本控制。

曹德旺是一个对自己的企业,甚至是玻璃行业都抱有很大野心的人,他并不满足于现在小小的进步,一直都想要改进技术,减少损耗。于是,作为集团领导人的曹德旺便亲自下车间,每天在各个生产线上蹲守,计算清楚每一道工序的成品率,了解每个工位的需求和每个人的职责,采集各项指标。

经过三个月的汇总计算,他得出了每平方单夹层玻璃的单耗应为2.26,这也就意味着福耀还有26.5%的上升空间。为了让这26.5%

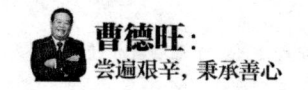

的上升成为现实，保证生产质量的同时实现成本控制，曹德旺亲自起草了夹层玻璃各个工序的作业指导书。

可当他把这个计算结果跟夹层车间刘主任讨论时，对方斩钉截铁说："绝对不可能！要是谁可以做出如此低的单耗，我就……"

"可我算出来的确是2.26……"曹德旺说。

"曹总，那是理论数字，实操中根本不可能！"刘主任坚定地否决了曹德旺的计算结果。

要知道，刘主任从技术工作做起，工作敬业踏实，经验丰富，他说不可能，或许是真的不可能。但曹德旺心有不甘，他亲自起草了夹层玻璃各生产工序作业指导书，同时又重新设计了产品质量统计表：1.工人必须接受应知应会培训；2.各岗位必须配置统计表，通过统计、分析、评估、纠正四个步骤，确保目标向2.26进发。可他的想法还是没能得到公司管理层的认同，大家认为这是异想天开。

于是，曹德旺重新物色了一个更适合的管理者，是一位退伍军人。他要求对方严格按照自己草拟的《生产作业指导书》，监督工人作业，发现统计数据与目标有差异时，及时查明原因。新来的管理者非常支持曹德旺的改革试验，从第一天上班起，就一直蹲在生产车间，严格执行曹总建议的方法，认真指导每个工序的工人执行。

功夫不负有心人，两个月后，福耀的夹层玻璃单耗从原来的2.8变为2.3！已超出当时世界最好的生产水平！更让大家始料不及的是，几个月后，单耗一直稳定在2.1的水平，实现了福耀生产水平的一次大进步，超越了世界先进水平。

欣喜若狂的曹德旺找来厂长、车间主任、班组长，教给他们分析统计等管理工具，使得福耀的生产水平逐步全面提高。从1995年以前的$3m^2$到$2.86m^2$到$2.3m^2$再到$2.16m^2$到现在，不到二十年的时间，福耀已经达到了$1m^2$的夹层玻璃单耗只需要用$2.1m^2$的水平。至此，曹德旺实现了福耀的第一次管理改革，为福耀的长足发展奠定了坚实基础。

2017年，福耀在生产现场力推质量稳定的产品实现过程，按照生产工序步骤，从设计、生产到制造环节，逐一梳理可能产生缺陷的部位，并加以改善，同时，建立发现不良品立即统计、分析和改善的解析机制。

福耀玻璃如今的成功，在于拥有了一支执行力极强的团队。在企业运营的过程中，战略固然很重要，把握企业的大方向，但是执行力的重要在某种意义来说更胜过战略。而正是福耀团队能够快速地对市场变化作出响应，为客户提供有关汽车玻璃的全套解决方案，才能赢得客户和市场的尊重。

曹德旺：
尝遍艰辛，秉承善心

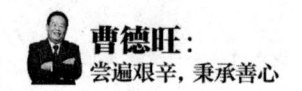

最重要的是诚信

作为改革开放后的第一代企业家，从20世纪80年代收购濒临破产的乡镇企业，到如今带领福耀玻璃成为全球规模最大的一家汽车玻璃专业供应商，曹德旺坚守制造业四十年，打造了车轮上的透明帝国。曹德旺是安永企业家奖2008年中国地区大奖的获得者，并摘取了2009年安永全球企业家奖大奖桂冠，是首位获此殊荣的中国企业家，至今仍是中国实业发展史上被奉为"榜样"的一代传奇。

曹德旺在安永企业家奖2019中国启动仪式上，曾分享了他对企业家精神的解读和成功企业家必备的"四个自信"——文化自信、能力自信、政治自信和行为自信。在这四"信"中，曹德旺最看重的就是行为自信。什么是行为自信？在他看来，行为自信即诚信，是做生意要做到童叟无欺，不能短斤少两，不能坑蒙拐骗。

"做企业不仅要取信于客户，还要取信于政府和社会。"曹德旺认为，这么做本身就是企业对社会责任的承担，因为你没有去钻那些空子，没有把企业的收益建立在社会的损失和对其他人的掠夺之上。而企业的诚信本身也为企业在收获"财富"——来自客户、股东、政府，甚至社会的信任，这种财富对于要基业长青的企业来说，无比重要。

曹德旺对产品的品质非常看重。在他看来，企业要想出名必须适销对路，在投消费者所好的基础上保证质量。福耀集团自创立以来，坚守为中国人做一片属于自己的高质量玻璃的信念，实现了对每一片玻璃的高质量把关。

本着对消费者负责任的态度，近年来，福耀集团持续加大科技创新的力度，不仅在汽车玻璃关键成型工艺和设备、玻璃天线、镀膜、光电等核心技术领域实现突破，打破了多领域的国际垄断和行业壁垒，实现核心技术100%自主可控，更是成功解决了行业13项"卡脖子"技术难题，成功通过工信部审核，荣获全国质量领域最高奖——中国质量奖。

诚信经营，不仅体现在福耀玻璃在注重客户的产品体验上的重视，同样体现在曹德旺在企业责任和社会责任的承担上。1993年，福耀玻璃成功上市，曹德旺和福耀凭借玻璃行业巨大的利润差和定价差，在很短的时间内就积累了巨大的财富。

当时"商界管理流行综合经营，即经营多种产业或者项目来规避风险，增加盈利"，在这种趋势下再加上汽车玻璃市场的发展减缓，曹德旺也开始思考发展除了汽车玻璃之外的其他产业，例如房地产行业。众所周知，每个行业的运行发展都有其独特的法则，汽

曹德旺：
尝遍艰辛，秉承善心

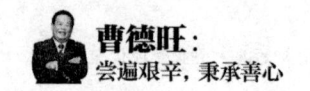

车玻璃的法则并不适用于其他行业，因此，随着这种多样化经营的弊端逐渐显现，曹德旺和福耀也无可奈何地走上了负债的道路。

一直在老本行中坚持成诚信经营的曹德旺深知"诚信"对于一家公司的重要性，所以即使面临投资失败的巨额债务，曹德旺并没有选择赖掉债务，而是先"受让了银行持有的股份"，接着在明白应当要将重心全部转向汽车玻璃这一主业后，通过变卖其他产业的方式，还了银行的贷款。

或许在现在很多人看来这种行为有些难以理解，毕竟中国每年都有不计其数的公司选择破产清算，一些高管甚至会选择让银行或者供应商背锅，自己转身换个国籍，换个公司重新来过。但曹德旺深知守信是福耀的立身之本，是公司能够长远发展所必须承担的责任。也正是因为曹德旺的诚信行为，让福耀一直能够和银行保持相对良好的关系。

曹德旺非常注重承担社会责任。2008年国内次贷危机爆发，福耀的工厂也受金融危机影响，为了不影响大局，曹德旺准备关停亏损的生产线，但当地政府却不同意曹德旺的做法，因为这意味着大批人员的失业。通辽市有关领导，急忙找到曹德旺，希望他能晚一年再关闭生产线，这段时间的损失市里将全部负责，第二天市里就将1000万打到福耀的账户，因此曹德旺又将通辽生产线继续生产了一年。

但让曹德旺没想到的是，一年之后，这里的工厂竟然扭亏为盈，开始赚钱了，加上政府补贴的一千万，一共赚了4800万。曹德旺见此，没有任何犹豫就再次来到了内蒙古通辽县，要给通辽市政府还钱。这件事让通辽市政府大感意外，因为他们没想到一家民营企业竟然可以这样"讲信用"。

一向信奉事无不可对人言的曹德旺，也将稳健诚信的哲学烙印在福耀玻璃身上——尊重股东的利益，凡事做到规范，做到公开透明。福耀从不追求股价大起大落，更不参与制造任何信息促进股价上升或下落，充分尊重股东的意愿，由股东的认同来决定股价。曹德旺认为，引领并实现福耀未来目标的，必定是坚定不移地推行开放和开明政策，所谓开明，即善待所有天下人，包括股东、供应商甚至同行业竞争者。

也正因如此，在福耀玻璃2017年度社会责任报告中提到，自1993年6月上市至2017年的24年时间内，福耀公司已累计派发现金红利约107.67亿元，股票股利约14.06亿元，真正实现分红大于募集资金。

诚信经营，这是一个企业家需要具备的精神，它代表的是行为规范，比如，做生意不能缺斤少两、坑蒙拐骗，要诚实；赚钱不能只顾短期利益。诚信经营更应该是公司长久发展的根基。只有在诚信的基础上，企业才具备持续发展的能力。

曹德旺：
尝遍艰辛，秉承善心

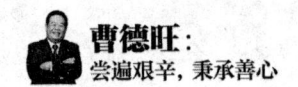

伟大的管理是公私分明

  提起"中国首善"，非曹德旺莫属，自从开始创业获得回报，他就拿出部分资金用来做慈善，在曹德旺看来，因为自己淋过雨，所以也想要为别人撑一把伞。据根据相关信息，从1983年到2022年，曹德旺已经捐款长达39年的时间，在这段时间里，他对外累计捐出了260亿，也正因如此，曹德旺成为很多人敬仰的"大善人""优秀慈善企业家"。最近几年，曹德旺更是一心扑在了教育上。

  如此大手笔且不间断的捐款，真的是曹德旺的个人财产吗？还是福耀集团在用慈善博取美名？在曹德旺给出正式回复之前，大家也是众说纷纭。

  直到一次采访节目，主持人提问曹德旺："曹总，你捐这么多钱，要跟谁商量呢？"

  曹德旺笑着说，我不需要商量，我自己就能决定。主持人表示不解，并接着问道，公司又不是你自己的，捐这么多钱，你自己说了算？曹德旺很快明白了主持人的言外之意，他立刻澄清道：做人要严于律己，福耀集团是全体股东的，我有自己做人的标准，我捐的每一分钱都是我自己的，并不是公司的钱。曹德旺随即表示，福耀集团关于钱财这一块是非常严格的，每一个人都要遵守，包括他自己，这是对公司利益的尊重。当然，曹德旺也一直以身作则，将公司利益与个人利益做严格划分。

其实，做企业就是做人。企业做得好与差，其实跟老板的品质和性格有很大的关系。如今市场竞争如此激烈，福耀的市值也在呈倍数增长。曹德旺一路白手起家，将福耀发展成今天的跨国集团，却从未走错过路。因为他始终坚持自我，公私分明，始终将公司利益放在个人私欲之前。

有人说，了解一个企业最快的方法就是去了解它的创始人。曹德旺对个人底线的坚守，恰恰是福耀集团最宝贵的品质。从曹德旺的品行中，我们不难看出他为什么始终坚持公私分明，坚守公司利益高于个人私欲。这不仅是福耀公司经营理念和价值的体现，更是曹德旺践行自我承诺的一种方式。

曹德旺对公私利益的坚持，已经融入福耀内部的经营管理以及决策中去。

1987年，曹德旺带领公司员工去芬兰一家公司接受技术培训。临走时，他对员工说："这次出门，你们必须要把所有公费都花完。否则我不仅要没收，而且还要处罚你们。"

曹德旺：
尝遍艰辛，秉承善心

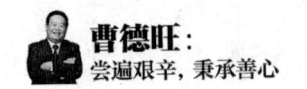

那曹德旺，为什么会提出如此奇怪的要求？难道省一点公费不好吗？原来在20世纪80年代，如果有机会出国，尤其是公费出国是每个中国人求之不得的机会，除了不花1分钱，开阔眼界之外，还能给家里带回一件电器。因为当时国家给一个人的补助是90美元一天，如果出差半个月，平时省吃俭用，半个月攒下来的补助就是1000多美元，这1000多美元在回国的时候，完全可以买一件家用电器。

其实，曹德旺这次带领公司员工出差，除了接受培训，最主要是和国外公司谈合作。而他也提前了解过，如果不买东西，国家补助的每天90美元足够大家在芬兰的开销。于是，在出发前，曹德旺把福耀的员工召集在一起开了一次小会：

1.分配好每个人的学习任务；

2.90美元补贴费用集中管理、吃完用完，如果有剩余，全部上交；

3.不自带食品，不需要外国人请客吃饭。

曹德旺对此意味深长地说了一句：外国人不知道我们每个人的名字，但是外国人知道我们是中国人，一个人要有人格，一个国家同样需要有国格，没人格，没国格，你就是带再多东西回国也没啥用！

曹德旺明确下达要求，除了茶叶一类的饮品，什么方便面、大米等一包也不准带，钱由曹德旺统一保管。就这样，福耀公司一行人如约出发，到达芬兰赫尔辛基的时候已经是当地时间晚上8点，负责接机的人提议请大家吃饭，曹德旺则一口回绝，并表示自己要请他吃饭。

之后在培训的过程中，曹德旺一行人根本不用对方招待，他们吃住全是自己花钱。就这样曹德旺带队在赫尔辛基泰姆格拉斯公司学习了20天，每个人牢记自己的学习任务，尽可能多地从泰姆格拉斯公司学到想要的知识，每天晚上大家还互相交流学习心得。等培训快要结束时，那家公司的总裁主动邀请曹德旺一行人喝鸡尾酒。当时曹德旺就说："您平时这么忙，为什么此次要请我吃饭呢？"总裁说："因为您和别人不一样，我从您的身上，看到了中国企业的未来。"

曹德旺对公司利益，以及对国家利益的维护，不仅坚守了自己的底线，维护了国人的形象，还为福耀赢得了合作机会。考察结束后的第二年，福耀公司成功引进了泰姆格拉斯公司的HTPS设备，成为这个设备的全球第一个买家！第三年4月，设备上线运行，仅用6个月就收回了成本！

从福耀一路以来的运营管理及社会活动中，可以了解到福耀能成为世界汽车玻璃领先品牌，跟曹德旺公私分明、坚守价值底线的格局不无关系，在大家都在想办法多为自己谋私利的时候，曹德旺已经能够站在更高更远的维度上做选择！

曹德旺：
尝遍艰辛，秉承善心

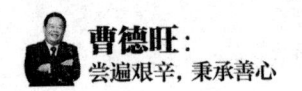

质量是真理

2021年，福耀玻璃工业集团以"四品一体双驱动"质量管理模式荣获中国质量领域最高荣誉——中国质量奖。

曹德旺带领的福耀集团，全称福耀玻璃工业集团股份有限公司，是全球规模最大的汽车玻璃专业供应商，产品得到全球顶级汽车制造企业及主要汽车厂商的认证和选用，也为国人做出了一片属于自己的高质量汽车玻璃。在今天，整个汽车制造业内，其产品不但配套国内汽车品牌，更已成为德国奥迪、德国大众、韩国现代、澳大利亚Holden、日本铃木、日本三菱、捷克途胜的合格供应商。公司的产品标志"FY"商标是中国汽车玻璃行业迄今为止唯一的"中国名牌"和"中国驰名商标"，是行业内名副其实的龙头老大。

从改革开放后的第一代企业家，到白手起家创建如今的"玻璃王国"，曹德旺始终将产品的品质放在首位，他认为，只有产品本身有高质量，才能赢得消费者的信赖，才能长久地占据市场份额。同样是一片玻璃，为什么众多汽车巨头都选择福耀玻璃？"因为我能满足他的要求，我想要赚钱，就必须满足他的要求。"曹德旺说。看似逻辑简单，但也直接地说明了一个道理：产品品质是实业发展的硬道理。

有关玻璃质量的问题，曹德旺从创业初期就非常重视，当时汽车玻璃依靠进口，制造汽车玻璃的设备和技术也是空白。无论是教科书还是业界同行，曹德旺都没有可以学习借鉴的地方，当时的生产模具，甚至原料都只能从国外购买。为了能够顺利地生产出属于中国人的汽车玻璃，曹德旺先是到上海购买生产汽车玻璃的设备和图纸，紧接着又从福州请来了专业的工程师和技术人员，在经过数次实验后，曹德旺的工厂成功生产出"成本200元，售价2000元"的汽车玻璃。

1985年6月，曹德旺委托县乡镇企业局组织了一个产品鉴定会。汽车玻璃不同于普通的玻璃，是跑在路上的房子。人在里面。玻璃的质量要能保证安全才行。因此，曹德旺生产出来的汽车玻璃，也要能通过安全检测才行。这场鉴定会开了5天，检测结果证明，曹德旺生产出来的汽车玻璃，无论是质量和安全性，都不比国外的产品差。

就这样，曹德旺迈进了汽车玻璃的广阔市场，开始了曹德旺和福耀坚守一生的玻璃事业。

高质开路，价值引领。改革开放以来，随着人们的生活质量不

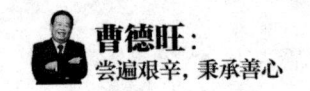

断提高，人们高质生活的需求也在增加，消费市场更是向以福耀为首的汽车玻璃行业发出了智能化个性化等诉求。

面对这种市场需求的改变，福耀玻璃积极求变，不断努力拓展玻璃的边界，提升产品的附加值。从安全舒适、智能控制、节能环保、美观时尚、集成总成等五个维度出发，目前福耀玻璃已研发出多种高附加值产品，如HUD抬头显示玻璃、隔音玻璃、憎水玻璃、智能调光玻璃、镀膜玻璃、超紫外隔绝玻璃等。

从一片小小的玻璃到如今的玻璃全品类发展，曹德旺和他所带领的福耀一直在努力驱动产品迭代，实现极限品质，推进创新型产品在消费者乘用车领域的更多应用。

一直以来，曹德旺都把质量放在福耀的主要发展方向上，坚守品质造就品牌。但福耀在进军全球化市场的过程中，也曾多次遭遇过质量难关。

1990年代初，经济全球化的趋势蔚然成风，而在此前的几年里，大量走私汽车进入中国，为主打汽车配件市场的福耀带来了好时光，福耀在几年间迅速蹿红，成为国内玻璃行业的翘楚。此时向国际市场拓展，成为曹德旺和福耀的最佳时期。

曹德旺最先瞄准的是加拿大的售后服务市场，但第一次进军海外市场的福耀并不是很顺利——因为质量不合格，福耀玻璃在当地的汽车服务公司被卡住，遭遇投诉，全部被退回，因此导致的赔偿金额高达六七十万美元。对当时的福耀来讲，这是个相当庞大的数目。

听到这个理由，曹德旺才开始正视福耀在质量方面与国际市场存在的差距，痛定思痛的他下定决心做"能够满足轿车工业需要"的玻璃工厂，并花费重金引进芬兰设备：可以根据设计参数自动成型的一台钢化炉，那是当时国际上最领先的技术。新工厂的整个布局、设计、工艺基本都引自芬兰，与国际全面接轨。很快，福耀再次启程，试图批量向国外出口，这次的目的地是美国。

因为有了之前的教训，这次似乎顺风顺水，福耀玻璃这次真的走出国门了。1995年11月29日试投产，次年3月开始整批玻璃出口，到1996年年中时每月就可以出口5万片。而且在美国也没出现任何关于质量问题的投诉。

进军海外市场的第一步解决了，但福耀的"全球供应商"坎坷之路才刚刚开始。要知道在国际市场上，卖出的汽车有任何毛病都是要被厂家召回的，与国际知名车企奥迪的合作是福耀国际化发展进程的重要一步，但这一步福耀走得很不容易。

面对奥迪严苛的质量标准，当时的福耀在装备和技术上都没有办法满足。但福耀没有因此放弃，面对无数次的失败，不断爬起重来，最终在2005年与奥迪成功携手。而这不仅意味着当时的福耀已经掌握了汽车玻璃生产的主流技术，也意味着福耀走出了迈向世界的重要一步。

如今，福耀已在全球11个国家建立了研产销基地，从一粒硅砂到浮法玻璃、到汽车玻璃深加工、到外饰件及玻璃总成，到"最后一公里"送入客户手中，福耀形成了全产业链闭环，以高质量的产

曹德旺：
尝遍艰辛，秉承善心

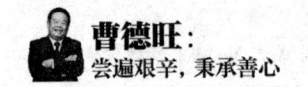

品和服务，赢得全球汽车制造企业的尊重与信任。

所以，中国实业的出路，包括中国经济未来的出路只有走品质化、品牌化的道路，要把质量放在第一位，有了好的品牌和质量，有了市场认可，企业才能长久发展，高品企业的长足发展，才能促使市场生产更高品质的产品，这样国家经济就会走向正常的发展道路。

执行要民主，策略要专制

一个成熟的企业的领导人，做事往往会喜欢留有三分余地去回旋，但曹德旺往往都是最果决，也是最激烈的。

在很多人看来，曹德旺无疑是个狠人：对企图吃回扣的下属狠，面对下属的小伎俩，将计就计，顺势将其清出公司；对地方官员狠，面对"告发"自己的官员，积极申辩，甚至拿出多年前留存的发票作为证据；对合作伙伴狠，将法国圣戈班踢出福耀，强力整顿东北的销售市场……他行为狠辣、强势，惯用强力让人低头，甚至有些咄咄逼人。

在福耀玻璃跨入全球化经济发展时代连续增长的三十几年间，曹德旺对公司的效率和管理的执行力有极高，甚至是苛刻的要求，他拒绝任何的妥协和推脱。在福耀的管理上，曹德旺从不接受没有亲自实践过的任何解释和理由。在员工管理上，曹德旺一向严格果决，丝毫不留余地，尤其是在吃回扣和打麻将这两件事上，他是坚

曹德旺：
尝遍艰辛，秉承善心

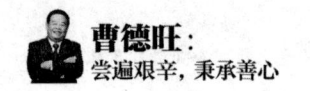

决不能忍受的，一旦被发现，就会立即开除处理。

曹德旺非常讨厌员工聚众打麻将，所以福耀工厂里是从来不会出现有工人在工作时间打麻将的情况。他曾经表示，如果有工人下班后还有心情打麻将，只能说明一个问题，那就是上班的时候没好好干活，而且光打麻将没啥乐趣，大家聚一起肯定还会买点小酒，热热闹闹的，沾染上这个习惯有很大的隐患，大家一打就是一晚上，早上肯定起不来，也就没心思工作了。事实证明，福耀员工良好的生活作息习惯确实对工作质量产生了积极的促进作用。

除了聚众打麻将，曹德旺最不能忍受的就是员工吃回扣的问题。只要发现，不仅当事人会被开除，作为连带责任人，销售经理的职务也会被一撸到底。

福耀的发展离不开中国改革开放的政策支持，曹德旺曾无数次地表示是自己和福耀赶上了一个好的经济发展期，政府管制少，支持多。相较于其他的行业来讲，曹德旺所处的汽车玻璃行业在上个世纪末仍处于野蛮发展的阶段，创业环境尚且单纯。另外，曹德旺一直是福耀的领导人，没有换过管理层，这样就减少了公司内耗。可以说，曹德旺和他所带领的福耀公司是从野蛮中破土并茁壮成长起来的一批独角兽。这对早期快速扩张的福耀是一件好事，但就上市后如庞然大物一般的福耀来讲，曹德旺的压力可想而知。

不过，曹德旺认为，一个优秀的管理者要懂得在专制和民主之间找平衡：执行上要高度民主、放权，不去随便干涉；战略层面，一定要懂得专制。

有些事情很简单，作为福耀集团的最高管理者，曹德旺完全可以按照自己的思路和行为方式去作出决定，但他没有，在公司大方向的问题上，他经常会召集公司董事会商讨，展现了非常民主的一面。1993年福耀玻璃上市，但早在1991年就已经通过出售原始股募集了2000多万。第一次手里有这么多钱，怎么花成为摆在曹德旺面前最大的问题，其实曹德旺完全可以自己决定，但他还是选择召开福耀集团董事会，商讨这钱怎么花。在会议上福耀的员工提出了各种想法，而且理由也足够充分：有人说搞多元化经营，福耀只生产玻璃，随时都有可能被抢饭碗；也有人建议投资IT行业，彼时互联网的苗头刚从中国冒出来。当然，最后作出重大决定的时候，曹德旺还是果断地选择了投入来钱最快的房地产。

曹德旺在商场的智慧很大程度上来自幼时父亲的言传身教。曹德旺的父亲曹河仁多年前是上海最大百货公司安永百货的股东，父亲曾经对曹德旺说过："如与对手交战，有本事你就要把马上的将军杀了，不要拿那些没用的开刀。要知道，杀一个将军，可以镇住下面的几千号人。"曹德旺当时年纪还小，并不能深刻地理解父亲话里的意思。

直到曹德旺自己开始创办企业，他才明白父亲这句话的意思。一个企业，和一个人一样，要活着，都要有一颗头。一个优秀的又果断的领导，对整个企业的管理和运营起着非常重要的作用。所以，在之后的管理和运营中他也一直有意培养自己专制、做事狠辣果决的外在印象，而不是拖泥带水，犹豫不决。

曹德旺：
尝遍艰辛，秉承善心

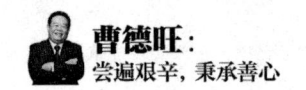

　　曹德旺从荒蛮的创业者，到如今拥有跨国集团，员工遍布全球的企业管理者，这一路走来他的强势果决可谓是无处不在。这种情况在福耀的每个重要抉择时刻清晰可见。1976年，曹德旺在当地的一家玻璃工厂当采购员，主要负责推销工厂生产的水表玻璃。在日常的工作中，曹德旺十分注意积累自己在工作中的经验。虽然当时的他只是一名小小的推销员，但他始终相信，每一份工作都有它本身的价值，值得他敬畏，值得他思考、学习、积累。1983年，曹德旺凭借自己手里积累的资金，承包了这家生意惨淡的工厂。当时的曹德旺已经预见到中国玻璃行业的前景和市场空缺，当时所有人都不看好他，就连工厂的员工都不信任他，认为这简直是天方夜谭，就连家里人也心存怀疑。曹德旺并没有在意旁人的嘲笑与鄙夷，他相信自己的判断，硬是成功改革工厂的玻璃技术，在接手的第二年就实现了盈利，之后曹德旺更是研发出了第一片属于中国人自己的汽车玻璃，顺利进军汽车玻璃行业。

　　2008年的福耀玻璃发展势头强劲，而此时的曹德旺却预测到全球金融危机即将到来。

　　再一次需要作出舍弃生产线以保存资金的决定。其实按照2006年和2007年的营业收入增长30%以上的态势，如果保持势头，在2008年也同样实现营业收入增长30%，作为大股东的曹德旺就无须向小股东兑现买10股送10股的股改承诺。当曹德旺作出要关闭生产线的决定时，福耀集团的管理层和员工们都无法接受，还嘲笑他的判断。但曹德旺还是选择力排众议，毅然关闭了通辽、双辽、福州、海南四家工厂的5条浮法生产线（海南两条），使之不再占用资金。在关闭多余的生产线后，他又停止了扩张性的再投资，还促进现金回流，把从银行借的钱尽快地还回去。也正是曹德旺的果决，让福耀玻璃在2009年安然度过了经济危机。

2008年底的这场金融危机，不仅仅是曹德旺的汽车玻璃，整个汽车行业都遭遇到了前所未有的困难，通用汽车一度倒向破产边缘。在通用汽车前途未卜的情况下，仍旧是曹德旺力排众议，坚持继续给通用系品牌和车型供货。"整车企业遇到一些困难，作为配套商，不应落井下石，而应相互扶持。一汽大众当初对我们的支持，成就了福耀今天的成绩，这个道理是相通的。"患难见真情，曹德旺危难时刻的鼎力相助为福耀玻璃的全球化道路收获了一位优秀的合作伙伴。

2017年，对福耀的全球化发展是决定性的一年。2014年，尽管知道美国的营商环境远不及中国，在人力成本方面也会高出很多，曹德旺还是坚定地选择在俄亥俄州莫兰生产线投资6亿美元，用一年时间改建成在美国的第一家工厂。经过三年的运营，福耀集团美国工厂依然亏损。当时质疑和反对的声音不绝于耳。但曹德旺力排众议仍坚持说："相信我，我一定会努力为中国争口气挣个面子，亏得起钱但亏不起面子、亏不起信心。"到2017年，福耀美国工厂终于迎来了转机，实现了扭亏为盈。曹德旺通过精心运营，美国工厂与通用汽车建立了密切合作。

当时，对许多"走出去"的中国企业来说，经常会因为中外文

曹德旺：
尝遍艰辛，秉承善心

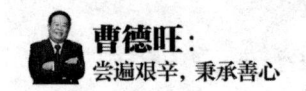

化以及公司文化的差异而产生问题，但这些对行事一向大胆的曹德旺来讲完全不是问题。面对美国福耀工厂高管的低效率以及无意义的分歧消耗，曹德旺毫不退步，果断开除当时聘请的美国原总裁和副总裁，换了思想一致的中国人来领导工厂运行。直到今天，曹德旺在美国工厂内部管理上的强势硬气仍被国人啧啧称奇。

第五章

以人为本，员工是企业真正的财富

企业的成功与否跟员工和团队有着很大的关系。曹德旺对管理层领导说，你发现公司的员工有重大的困难，不要请示，需要解决，就帮他解决，不要把员工推到社会上去。福耀公司从最初的乡镇企业发展到现在的员工遍布全球经历了很多变革，曹德旺最在乎的就是员工的生活和发展。在曹德旺看来，福耀的员工都是自己的孩子。在几十年的运营中，曹德旺也始终把关爱员工，对员工负责放在福耀发展的第一位。

曹德旺：
尝遍艰辛，秉承善心

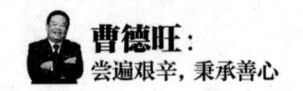

人才是企业的"第一资源"

福耀集团如今已经成为超大规模的巨头公司，当然，像曹德旺这样白手起家，从无到有地建立一个实业帝国总是不容易的，这三十几年的商场沉浮，也遭遇过不少的难题和挫折。幸运的是，曹德旺并没有因此而退缩，反而是迎难而上，直面问题，公司也因此能够走得更加坚实和长久。

1988年夏天，福耀玻璃还像一株幼苗，在福建福清市的一个山坳里积蓄力量静待成长。当时的中国汽车玻璃市场巨大，而占据市场份额最大的却是"漂洋过海"从国外进口过来的昂贵玻璃。对于当时的曹德旺来讲，做一片只属于中国人自己的玻璃是他立志要实现的事业，而人才和设备的短缺，是福耀面临的现实。

草根出身的曹德旺第一次深刻地认识到：人才是企业的第一资源，是企业能够长远发展的核心动力。

事情赶巧的是，就是曹德旺想要转型发展的时间点上，遇到了即将大学毕业，走进社会"大熔炉"去历练的左敏。当时的左敏是厦门大学的学生会干部，他所在的部门组织策划了一场有关青年使命的研讨会，为了能够顺利举办研讨会，左敏和同学们四处拉赞助，机缘巧合下听说"福清的曹德旺乐善好施"。于是，左敏打算去找曹德旺碰碰运气。他坐着班车，从厦门大学出发，经过一整天的颠簸，来到福耀玻璃厂。见到曹德旺之后，他诚恳地讲明了自己的来意。曹德旺的态度非常热情，这是他第一次接待名牌大学的学生。

在与左敏交流后，迫切想要拥有人才的曹德旺满怀激情地向左敏发出邀请，希望他能够加入福耀。讲完之后，曹德旺当场给了左敏两万的赞助费。当时的左敏就意识到，这是曹德旺对自己的一份信任，而他的邀请也是非常诚心的。于是在毕业后，左敏这个"天之骄子"没有选择进入政府机关或者当时热门的外贸行业，而是毫不犹豫地加入了福耀玻璃，与曹德旺一起踏上了创业之路。

而曹德旺也没有辜负这位人才的选择，加入福耀的二十多年，左敏从一名小小的员工，一路到打拼到福耀集团第一副总裁，总经理。他在福耀的发展，也证明了曹德旺对人才的重视和培养。

一个有生命力的企业需要吸引更多优秀人才的加入。处于高速发展期的福耀更是如此。想要吸引更多的大学生人才来福耀玻璃，那就需要去打破毕业生就业所存在的不合理的就业制度。

改革开放以来，人才一直是市场上的稀缺资源，各行各业都需要有才能的人，即使是像左敏这样想加入福耀的优秀人才也存在顾

曹德旺：尝遍艰辛，秉承善心

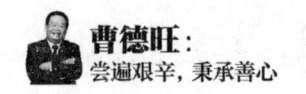

虑：合资公司究竟能不能接收大学生的档案？

大学生们的问题，同样也是求贤若渴的曹德旺想知道的问题。于是他打电话向福建省人事局咨询，得到的回复是：国家目前没有这个政策，因此像福耀玻璃厂这样的非国有企业不能接收大学毕业生的档案。

曹德旺深知，只有岗位需求与人才的接口对上了，企业才能有更好的效益。而他本人更是一心求贤若渴，但人事档案成为横亘在福耀与大学生之间的拦路虎，让他白白错失了很多人才。曹德旺越想越觉得愤懑，难道非国有企业就不需要人才吗？这个问题该如何破解？在曹德旺看来，这个关不破，所谓的改革开放就只是一句空话，他相信政府一定能解决。

曹德旺是一个喜欢将不可能变成可能的人，他更知道这次的困难是福耀赢得人才，实现高质量发展必须要克服的。接下来很长一段时间里，曹德旺一趟一趟地跑福建省人事局，三番五次拜访福建省人事部门领导，谈改革，谈需求，探讨当下人事档案的规定已经不再适应中国的经济环境。终于，曹德旺的建议得到了相关部门领导的重视，

后经省领导批示，作为试点，福建省率先成立全国第一个人才交流市场，也就是现在的中国海峡人才市场，它解决了当时大学生毕业后去合资企业就业的档案问题。

人事档案，这个横亘在福耀玻璃和优秀大学生人才之间的"拦路虎"就这样被曹德旺搬掉了。从此，福耀玻璃也成功吸引了一批

又一批优秀人才加入进来，而在他们的支持下，福耀玻璃得以稳步扩张，逐渐成长为今天的行业领军企业。

人才的重要性不言而喻，可以说人才是企业发展的基石。现在，一心专注慈善事业的曹德旺始终不忘强调人才的重要性。他表示，人才是突破技术的核心，在全球中有不少的人才、顶级学者、科研专家他们所做出的成就是非常强大的。捐赠大学，是为了帮助中国制造业培养更多优秀的人才。

2021年5月，抱着"瞄准制造业高端技术短板、培养产业工匠式领军人才、建成一所在国内外有影响力的高水平大学"的一腔热血，曹德旺发起了福耀科技大学的创建。学校是由河仁慈善基金会首期捐资100亿元人民币，以民办公助的形式，与福州市人民政府合作创办的一所新型应用型、研究型大学。曹德旺表示，福耀科技大学正式落地后，将招收优秀的本科毕业生，重点开展研究生阶段的应用型人才培养，解决我国当前应用型、研究型人才的断档问题。

每个企业都渴望成功，甚至渴望成为行业内的佼佼者，但就像曹德旺说的，每个企业的成功背后都是一群人的努力。当今社会竞争激烈，创业公司的发展只有在专业的人才的支持下才能走得长久。希望越来越多的公司能够重视人才的价值，更多地给予专业人才发展的机会和舞台。

曹德旺：
尝遍艰辛，秉承善心

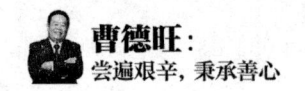

管理层不外聘，自己培养

不管在什么样的国家，在什么样的社会和文化背景下，一家企业失败的根本原因就是因为没有忠诚可用的员工团队。

2014年，曹德旺和他所带领的福耀玻璃进军美国市场，最终选择在俄亥俄州莫兰生产线投资6亿美元，用一年时间改建成在美国的第一家工厂。但美国的工会和工人的管理模式和中国大相径庭，为了能够稳定工厂的生产，扭亏为盈，曹德旺将中国工厂里的员工源源不断地输入美国工厂，目的就是要中国员工带动美国员工进行改变，提高生产效益。这些，背井离乡的中国工人，跟着老板千里迢迢来到美国，无论高管还是基层人员都没有抱怨，即使他们对中国的家很是想念，也没有出现消极怠工的现象。反而大多都在不断精进，完成自己的工作，通过上下同心，攻克难关，曹德旺的美国工厂2017实现扭亏为盈。

在现如今这个动不动就用工荒，招得到但是留不住人的时代，或许我们能够从曹德旺那里探知一下为什么福耀工厂的工人心甘情愿地愿意跟老板干,他是用什么样的方式方法留住的员工。

要想留住人,就要自己培养。对于公司员工的培训,曹德旺非常重视,他将培训投入作为留住人才,提高工作效率的基石。

福耀玻璃创业初期,人才流失的问题也经常困扰着曹德旺。于是,曹德旺便向当时的台塑董事长王永庆请教:怎样才能留住人才?如何培养人才?王永庆告诉曹德旺,管理层不能外聘,要自己培养,王永庆自己专门开办了一家台塑工业学校,只发中专文凭,他认为做工厂有这所学校的毕业生就足够了。曹德旺在与王永庆谈完后,深有感触,福耀虽然暂时不能开办学校,但是可以把工厂当作学校来办,发展培养人才。

于是,曹德旺在集团开设了培训中心,负责对操作人员进行基本的岗位技能培训,以及举办各类专业技能提高培训。另外,曹德旺与厦门大学管理学院合作成立福耀管理学院,利用厦门大学的师资培训管理人员,所以中层以上的企业干部都接受过MBA课程教育。而且,每年都拨专款支持培训工作,还聘请世界知名的咨询公司作专题培训。

在培训方面,曹德旺深知人才培养,不仅要"请进来",还要"走出去"。为了缩小与世界顶级水平的差距,派送技术及管理人员去意大利、美国培训,博采众长。福耀成立初期,就有一大批的技术人员和生产管理人员参加培训,这使得福耀与世界高水平的差距越来越小。

曹德旺：
尝遍艰辛，秉承善心

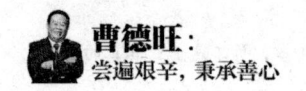

想要留住人，公司的管理层就不能外聘。福耀集团的管理层可以上下流动，因此福耀很多的管理层都是跟着公司一块成长起来的，他们有可能现在是集团副总，过两天由于工作需要又变成了某地分公司的副总，直接降级了，然后过几天又变成驻外分公司总经理了，也正是因为很多在各个位置流转的工作经历，让进入福耀的员工不用担心自己有才华无处施展。

福耀集团现在的集团副总裁陈居里就是曹德旺自己培养出来的。1990年，陈居里从北京航空航天大学管理信息专业毕业，陈居里因为看到福耀的招聘信息便来到人事部应聘，人事经理带着他见了曹德旺，曹德旺在了解了他的情况后，就对他说，留下来干吧，陈居里也同意了。

陈居里一到工厂，就被安排在垂直炉上三班倒，每天得用一辆平板车把废弃的玻璃从车间拉到玻璃堆去倒掉，一车玻璃有一二吨重，大多的时候也就安排两个人去推。由于陈居里表面长得文弱，再加上大家都清楚这是大学里出来的高才生，同车间内的工友都以为陈居里肯定干不长，但他从不喊累，一样按工厂的规定，完成了这艰难的磨炼期。

有一次，曹德旺问陈居里，你受了那么多的气，为什么没有选择离开？陈居里回答说，只要福耀还有一张我的办公桌，我就不会离开。曹德旺对他的回答表示很诧异，陈居里接着解释道，"因为您是一个正直的人。有几个公司能像我们福耀这样，公司的利益和老板的利益完全一致？这么好的公司并不容易碰到，我有幸进来了，怎么会轻易离开？"

曹德旺问他为何不申辩？他说，申辩会让别人觉得是在推卸责任，也很难细究。他说，最近在看《艾克卡自传》，艾克卡说："我用25年为福特工作，就是为了这最后5年大干一番。"在陈居里看来，找工作就好比卖东西，只有先展示性能、展示你的本事，才有可能得到一个好价钱，但本事是看不见，摸不着的，人家怎么知道，所以自己得做。

这一下，陈居里彻底得到了曹德旺的认可，他的英文底子很好，后来从香港进出口业务，一直干到了总经理。后来，陈居里被任命为集团副总裁。

很多企业高管，其实就是职业经理人，他们往往只看重自身的发展和利益，这家公司前景好，就在这干，如果公司遭遇重大危机，就立马跳槽，不会跟公司共患难。但正是因为曹德旺舍得为员工谋发展，更愿意为有能力的员工提供更多的机会，再加上曹德旺智慧过人，极富个人魅力，让这些人在福耀有着强烈的归属感，所以他们会死心塌地留在福耀，跟公司同甘苦，共患难。

如今，曹德旺已经不再管理福耀集团，但他始终坚持对人才的培养。近几年，曹德旺就一直希望能够建一所大学，借鉴国外的先进办学经验，弥补国内对制造业高端人才培养的不足，在高校人才培养方面做一些探索和创新。2021年，曹德旺创办福耀科技大学，

曹德旺：
尝遍艰辛，秉承善心

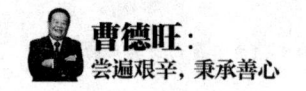

面向全国招揽师资人才。

福耀在团队建立、团队价值管理上一直是以曹德旺的价值为导向的，即使曹德旺已经不再处于福耀的管理一线，但相信曹德旺在人才培养和人才价值传递上所做出的努力一定能让福耀长久受益。

让有才干的人都有发挥空间

如果把企业比作是一个大家庭，那公司的成员都是这个家庭中的一分子。曹德旺曾在采访的时候多次强调，福耀的成功不是他一个人努力的结果，而是所有员工在背后默默无闻地努力和贡献。那么，曹德旺究竟是用什么样的回报让那么多的员工心甘情愿地留在福耀呢？

或许有些人会猜测，可能是曹德旺给的薪酬足够丰厚，也或许是福耀的福利待遇实在诱人。作为福耀的掌舵人，曹德旺不止一次被问及这个问题，而他本人也曾多次因为捐款但不涨薪的问题被其他企业领导暗讽。

此后的一次公开采访，曹德旺就这个问题进行了解释，他表示，福耀的工资薪酬并不仅仅是一家公司的事情，他还要考虑到其他同行业的企业能不能接受。对于福耀来说，直接涨工资是很容易的事情，但这样会打破整个玻璃行业的规则。到时候如果大家都来

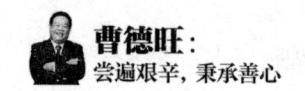

福耀工作，那别的企业就会陷入绝境。"另外一说，要是企业盈利下降了，员工是否还愿意工资下调这也是个问题"。很明显，曹德旺在员工的薪酬上是有全局考虑的，他并不是因为要留住人才而过分地向薪酬方向倾斜。

那，究竟什么才是福耀留住人才的秘诀呢？除了薪酬，还有什么？其实，薪酬是员工的合法收入，这部分是员工应得的，即使跟外边的公司有些许的差距，但这并不能影响员工的选择，其实更重要的应该是企业文化和关怀。对于很多员工来讲，是否能够在企业中找到自己的位置和以后发展的方向，是他们选择公司时非常看重的一点。

每个企业中都有各式各样的人，有不同的岗位，也自然就有适应岗位的不同个性、不同风格和优势的员工。他们或许机动灵活，或许沉稳有序，更或者复盘反思能力一流，针对不同的员工，企业的管理者要能给予充分的认可和肯定，要能了解他们的个人能力，在分配工作职能和岗位的时候，要能考虑到他们的优势特点，让他们尽可能地发挥自己的长处。

当然，考虑到有些员工可能很有才华，但是能力得不到充分地施展，如果个人想要获得更多的发展空间，作为管理领导，应该给予他们充分发展的机会。只有员工的才华得以发挥，就能产生一种强烈的成就感，他们对待工作才会投入百分之百的热忱，从而对公司的发展和收益产生正向的促进作用。

从某种意义上来讲，企业的成功并不是一个人，甚至是一个领导团队的成功，它是属于全体员工的。曹德旺曾经在接受财经采访时说过："相信当我们以适当合理的方式培养他们的时候，他们一定会成才的，而且在这里，他们热爱工作，热爱自己的事业，这是人才培养的一种方式。"

为什么福耀能够成功？因为在它长期发展的过程中，有这样一群人始终都坚持与公司站在一起，并且人数越来越多。最大的原因是公司有相应的奖励机制，无论是在物质，还是在长远发展上。在曹德旺看来，要把企业做好，要先把人培养好，在教会他技术的同时，还要提高他的境界、胸怀和高度，才能够让他们安心工作。因此，福耀为员工创造了一个公平的环境，努力的人和不努力的人立马不一样。很多公司没有把事情做好，员工就会发现自己努力和不努力其实是一样的。

原福耀集团副总裁白照华在很长时间里都是曹德旺最信任的副手，而他过往的职场经历也更加印证了——让员工热爱工作才是人才培训的正确方式。

实际上，一位优秀的领导，一个能够施展才华的企业跟员工个人的选择和发展是有着非常紧密的关系的。1996年的一天，曹德旺跟朋友去舞厅谈生意，不会跳舞的曹德旺只能坐在角落发呆，结果他发现一位跟自己一样局促的人，曹德旺走过去跟他聊天，这个人就是刚刚从部队退伍的白照华。在部队的时候白照华曾经是汽车修理厂的厂长，曹德旺跟他聊了两句，就知道对方正是福耀集团所需要的人才，得知对方退伍回来还没有工作，曹德旺便主动邀请他去

曹德旺：
尝遍艰辛，秉承善心

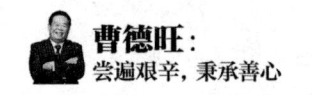

福耀当副总，白照华有点受宠若惊，他很开心地答应了。

其实，当时的福耀集团已经顺利打开了海外市场，但想要取得更大更快速地发展，就需要再一次提高玻璃的质量，降低成本。但在当时，除了曹德旺，福耀的所有人都没有意识到这一点，毕竟当时福耀生产出的汽车玻璃成本才几十块，却能够卖到成百上千块，大家都很满足。曹德旺无法从内部找到合适的人才，玻璃生产线改革的事情一度被搁置了下来，直到白照华的出现。把白照华请到福耀集团，曹德旺就是为了让他帮助自己解决玻璃生产线改革的问题，他想要让白照华帮助自己把得出的理论付诸实践。

白照华到福耀上班的第一天，曹德旺给他起草了一本《生产作业指导书》，并且要求他严格按照这一标准监督各个工序的生产，白照华感恩曹德旺这位伯乐，所以也倾尽自己的全力去帮助曹德旺。经过两个人的共同努力，两个月的时间，白照华就帮助福耀集团把玻璃的单耗从2.8降到了2.3，后来又降到了2.1，并且在白照华的努力下，福耀集团的玻璃单耗一直维持在这个水平。

事实证明，曹德旺邀请白照华来福耀当副总并不是心血来潮，而是白照华真的有能力，而曹德旺也是一个合格的伯乐。在此后的十几年间，白照华逐步在福耀稳定下来，并一步步走到了集团副总裁的位置。谈到能够遇到曹德旺这样一位赏识自己的伯乐，白照华说：曹总最擅长的就是用人所长，他知道我的长处，所以才敢让我直接上任！

其实，在福耀很多人才都有机会陪伴并见证公司的成长，随着公司的成长个人也可以得到更多的发展空间和机会，也得到成长和积累，这种机会对每个人来说都是非常宝贵的。

在此后福耀全面进军海外市场甚至成为全球汽车玻璃行业供应商的过程中，白照华在福耀的发展过程中立下了汗马功劳。而在福耀，像白照华一样因为被公司认真对待，对公司忠心耿耿的优秀人才还有很多。比如公司总经理黄中胜、陈居里等等，他们在公司的技术升级、拓展海外业务、赢得反倾销诉讼等重要的历史节点都发挥了举足轻重的作用。

每个人都渴望创业，渴望当老板，渴望进入上流社会，很多人都愿意为了工作去付出，去牺牲，前提是得有这样的平台和机会。而福耀在这方面实实在在地为员工做到了。

曹德旺：
尝遍艰辛，秉承善心

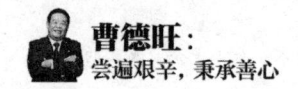

人才出自认同

一家企业想要长久发展，离不开强大的人才支持，而如果想要留住人才就需要价值观的认同。对价值观的认同，是解决公司人才困境，甚至是未来发展问题的准则，它代表企业和员工是否能够携手共进的立场。相同的企业价值观是员工所共同拥有的工作精神支持。在某种程度上，企业价值观的重要性要超出企业的战略目标。

曹德旺曾经在一次演讲中分享说，在他看来，能不能吃苦，经不经得起折磨，是一个人能否真正成才所必需的基本素质。进福耀的员工，不论是大学生、研究生还是留学生，就必须下到工厂车间锻炼。这是曹德旺考验员工、培养员工的方式，他很重视人才，也一直思考如何留住人才和培养人才。当然能够找到人才也相当关键。那么，除了大家都熟知的能力，也就是一个人做事的潜力或者外在表现之外，但价值观讲的却是人的精神层面的事情。那，什么才是曹德旺认同的价值观呢？

曹德旺认为，在选人、用人方面，作为员工，要有吃苦的精神，这也是成功员工身上必备的精神，不眼高手低，踏踏实实。或许价值观并不存在好坏之分，但在他看来，认同和适合才是重要的。

福耀发展这么多年，当然是有自己的价值观的。更具体地来讲，在福耀，曹德旺的价值观就是福耀的价值观。对于一个家族模式的实业企业来讲，福耀玻璃之所以能够历经四十多年的风雨而越发强大，一定离不开创始人的价值观，这一点是毋庸置疑的。同样，如果企业中有许多员工的价值观与企业价值观不一致，那么企业也会难以发展下去，最后也会溃败。所以曹德旺非常重视员工对自己价值观的认同。

在企业管理中，价值观并不存在好坏，但关键是员工是否能够认同企业的价值观，认同感越强，那么可发挥的能力就越高；匹配度越低，那么可发挥的能力就越低。所以公司的选人标准其实就是要将能够对企业的价值观产生认同感和匹配度高的员工筛选出来。这样，只有通过考核，对福耀产生强烈价值认同的员工，福耀的大门才会为他们打开。

价值观与企业价值观不一致的人，他们虽然也为公司带来了业绩，但同时也会对团队造成破坏。如果他的能力很高，那么他对团队的杀伤力就越大。比如，曹德旺很讨厌吃回扣的人，曾经对福耀的员工反复强调过一旦发现决不姑息，但仍旧有人冒着被开除的风险铤而走险。从他们的业绩上看，一般有这种侥幸和贪婪之

曹德旺：
尝遍艰辛，秉承善心

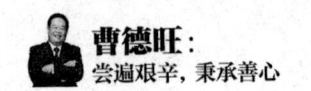

心的都是业绩好的人。所以，一个企业必须有明确的价值观，以此来为公司的人才把脉。

福耀的价值观就是曹德旺脚踏实地的态度和积极奋进的精神。曹德旺曾经讲过两个人的故事。

第一个主人公就是前文提到过的陈居里。

另外一位故事的主人公就是福耀浮法公司的总经理黄中胜，当时他手下有一个采购员叫郑爱峰。曹德旺曾经提醒过他，说这个人不合适的话可以让他离开，但黄中胜拍着胸脯给他做了担保，但是这个人最后还是出事了，在一次采购过程中拿了4万多元的回扣，因为这个事情，黄中胜最后被贬为浮法销售副经理一职。

当时有一家公司也是浮法玻璃企业，想挖黄中胜过去，但没有挖动。曹德旺就有点好奇，黄中胜说："有些事可能您忘记了，但是我一辈子都不会忘。"

原来黄中胜刚来福耀两三年的时候，他的媳妇生了孩子，但是身患脑瘫，他就带着老婆孩子来福州治疗。因为没有地方住，就想借公司员工宿舍一套房子，曹德旺知道后，直接安排黄中胜住在自己家里，还让妻子照顾她们母子。

所以，黄中胜非常感激，他对曹德旺说："别说免职，只要您不把我赶出福耀，我就跟着您干一辈子。"当时跟黄中胜同时进来的MBA有五六个人，但最后只有他一个人留了下来。人才出于认同，不仅有对公司历史使命和宏大目标的认同，还有对老板本人以及人格魅力的认同。

无论是福耀玻璃对员工认同感的重视，还是曹德旺的个人魅力和领导威信，都让福耀的员工对公司更加忠心耿耿，也就导致越来越多的"千里马"愿意长期与企业共同发展，从而创造了一个又一个福耀奇迹，让福耀成为中国第一、世界第二的汽车玻璃引领品牌。

曹德旺：
尝遍艰辛，秉承善心

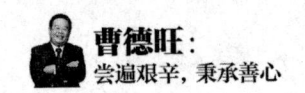

员工需要"温情文化"

欲成天下之大事者，必有一颗博爱之心。曹德旺的博爱之心，体现在他多年以来坚持的慈善事业上，更体现在他爱兵如子上。

福耀玻璃从成立以来，员工的队伍一直在扩大，截至如今曹德旺的员工已经遍布全球，曹德旺从未故意辞退过任何一位员工。曹德旺尊重每一位员工的付出，并将员工的幸福生活看作福耀成功的一部分。

中国有句古话"与其人散财聚，不如财散人聚"。"为求财，先求伴"，在曹德旺看来，生命是无价的。2007年，曹德旺接到福耀集团北京公司桑总的一个紧急电话，说公司有一个员工叫田军，是前两天才招来的毕业生，还在实习期。这位员工五一回家探亲，却突发急症，经查竟是白血病。

农村出生又是单亲家庭的田军根本拿不出这么一大笔钱来治病。只能跟自己的领导说，我不干了，因为我得了白血病，没有办法再工作了。意识到问题的严重性，桑总经过再三思考，他还是拨通了曹德旺的电话，并说明了详细情况。曹德旺知道后马上说，必须要全力救治。听到领导的话，桑总心里为这个年轻的实习生松了一口气，但他还是提醒了一下曹德旺：田军只是个实习生，还没跟福耀签合同，白血病想治好，起码得花百八十万，万一治不好……还没等听完，曹德旺就打断他的话："那也得治！和公司无关的人有困难，咱都搭把手，况且这孩子是咱们的实习生。"

就这样，曹德旺一锤定音，把这位实习生送到了北京的医院，并表示福耀会提供费用支持。就像医生说的，田军是不幸的，这么年轻就得这样的病。但他也是幸运的，遇到如此负责有道义的企业，而让人惊喜的是，他与他姐姐的骨髓配型也非常吻合，要知道很多时候骨髓配型是非常难成功的。经过检查之后，田军做了骨髓移植手术，手术很成功。休养了一年之后，田军又回到了福耀工作。

田军的事件影响了全体福耀人，大家纷纷为曹德旺的举动深深感动，而福耀也因此得到了更多员工的追随。

不仅是在攸关生命的事情上，在一些生活的细节上，曹德旺对员工也给予了特别的关怀。比如，在福耀建厂初期，虽然资金紧张，但曹德旺还是拿出80万元建了员工宿舍和食堂；从1990年的春天开始，福耀每年都会举办尾牙宴会。而在宴会上，还会举办集体婚礼，曹德旺亲自给他们证婚。也就是从这一年起，曹德旺为了让员工有归属感，尾牙的传统便在福耀内部延续了下来。一直到如

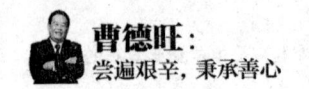

今，尾牙宴遍布全球的福耀企业，成为一道靓丽的风景线。

尾牙宴原本是闽南地区的一项传统民俗文化。原来是指商家希望来年生意兴隆，准备好酒好菜给土地公"打牙祭"，祈求得到保佑。随着时代的变迁，"尾牙宴"逐渐演变成企业在年终的重要聚会，成了老板对员工一年所做贡献表示感谢的仪式。福耀玻璃厂的"尾牙宴"则是福耀玻璃厂年底的盛典。无论福清、长春，还是北京、重庆，只要有福耀工厂的地方，就有"尾牙宴"。

在这一天，全厂的职工，从总经理至生产一线的所有员工，都会聚集在员工餐厅里，热热闹闹地欢度新年。大家围坐在一起，吃着丰盛的饭菜，欣赏着员工们自导自演的各类节目，共同回顾过去一年的艰辛与成就，共同展望新的一年。但在1990年的这年春节，福耀玻璃厂的尾牙宴又增加了一个温暖人心的环节，曹德旺为6对年轻人举行了集体婚礼，并为他们证婚。为什么会有集体婚礼这个环节呢？事情还要从当时的财务经理左敏说起。

左敏与女朋友是第一批来福耀玻璃厂工作的大学生。这里书店、文娱活动都少，加上初来语言不通，他们两人是彼此的依靠。但他们家庭困难，没钱举办婚礼。

左敏的这番话让曹德旺陷入了沉思中：现在公司的员工有将近八成是年轻人，左敏这样的并非个案，这个有可能影响员工心态甚至造成人才流失的问题，所以必须解决。送走左敏之后，曹德旺把工会主席叫来，与他探讨如何解决这个问题。经过仔细讨论后，福耀出台了两条刚性规定：一是限制员工在公司里发红、白喜事请帖；二是由工会出面，在员工中实行婚礼登记制，当年可借公司尾牙宴一起举办集体婚礼。

1990年春节前夕，福耀玻璃如期举办尾牙宴，曹德旺为6对年轻人举行了集体婚礼，这是福耀玻璃史上首次集体婚礼。后来为了表示对新人的祝贺，曹德旺还出钱为他们布置了新房。虽然朴素，但婚礼办得很热闹。也就是这次，曹德旺告诉大家，公司集体婚礼将长期存在。

"记得2006年，在福耀玻璃的尾牙宴上，6对新人还收到曹总送的钻戒。集体婚礼现场，员工们一片欢呼。"后来左敏回忆说。

员工在福耀工作，不仅获得薪水，收获爱情，还能在老板和全体同事的支持与祝福下组建家庭。这样的获得感和幸福感让员工不断拥有了自己的小家，更感受到了企业这个大家庭的温暖。

老子云："域中有四大（道天地人），人居其一焉。"曹德旺的观点深得其精髓："我们每天面对来自方方面面的人，我们做的每一件事，都必须充分考虑人的重要性，要换位思考。就拿员工来说，人家把孩子送到福耀，就是信任我们，我们就应当把这些孩子当作自己的孩子来培养。因而福耀始终坚持'以人为本'的管理思想，把每一个员工都当作福耀的孩子，为他们提供良好的成长环境。"

当员工遇到了困难，企业能帮忙解决，员工便对企业有了归属感。只有具备了这种归属感，员工才能把自己的精力都投入到工作中去，才能把公司的利益与自己的利益当成一致的利益。

曹德旺：
尝遍艰辛，秉承善心

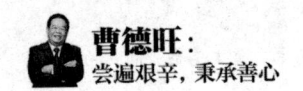

注重员工素质，直接沟通教育

怎样才能当好一个领导？你对你的员工好吗？身为福耀领导人的曹德旺曾被无数人问过这个问题。曹德旺每次的回答都是：要爱兵如子，要像父亲对待儿女一样对待员工，从德、智、体等方面全方位去关心他们，因为他们才是企业真正的财富。

在曹德旺看来，福耀的员工都像他的孩子一样，而对待孩子，不仅要为他们创造好的平台，给他们提供好的福利待遇，更重要的是要严格要求他们，帮助他们改掉身上的坏习惯，督促他们更好地成长。

1987年，曹德旺创办福耀集团，当时曹德旺只有627万，可是花钱的地方却很多，除了建厂房和办相关手续，还要出钱让技术人员去国外培训，这让曹德旺捉襟见肘，到了缩衣紧食的地步！虽然资金紧张，但曹德旺还是挤出了80万元资金新建了员工宿舍和食堂。他希望有了宿舍和食堂，员工们就能在福耀找到家的感觉，能得到安全感。直到有一天早上,曹德旺到员工食堂吃饭,可是他走在食堂,心里越看越不是滋味:当时已经过了员工用餐时间,餐厅里已经没有人吃饭了,但是餐厅里却到处扔着包子皮、馒头皮……曹德旺本身是农民出身,是从吃不饱的年代一路走过来的,对于这种浪费粮食的现象,他是万万想不到的,自然是痛心疾首。为了能够弄清楚事情的真相,他马上叫来了食堂的负责人,问是怎么回事。

负责人也不敢撒谎,他也很无奈地对曹德旺解释道:因为食堂人手不够,早晨时间紧张,根本忙不过来,所以就提前一天把馒头和包子蒸好,第二天热一下就可以吃,但员工们可能是觉得手拿的地方比较脏,于是就把包子皮馒头皮撕掉,一开始只是几个员工这样,但后来大家都开始效仿。

曹德旺听到这样的话惊讶不已,他见微知著:这些看似小小的浪费,从深层次反映了福耀员工的素质有待提高。为了能够约束公司员工的浪费行为,曹德旺决定对大家进行惩罚教育。

他让食堂的负责人连续三天早餐都只供应白粥。没有其他任何的食物。第一天的时候,大家没什么反应只是私下吐槽,为什么只有稀饭,公司是不是出什么问题了。到了第二天,当员工们到食堂,准备吃早餐,发现只有粥的时候,可想而知,他们是多么地不能接受。有几个年轻人实在忍无可忍就在食堂吵嚷了起来。

正在这个时候,曹德旺出现了。看着乱哄哄的场景,曹德旺在食堂开了一个让福耀员工忘不了的会议。"你们这两天都在吃大

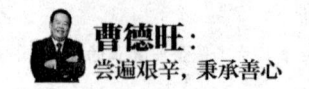

米汤，想必也知道这东西填不饱肚子，想吃馒头、包子，但是你们想想之前食堂的桌子上是不是被你们扔满了馒头皮、包子皮？要知道这些都是庄稼人辛辛苦苦种出来的。现在还有很多地方都吃不饱饭，你们倒好，浪费起粮食来了，饭不好吃，可以向上反映，浪费粮食干什么？食堂里的师傅们我也找他们谈过话了，也聘请了一些新的食堂师傅。同时我也希望在福耀集团的食堂里，再也不要发生这种情况！"

这次大会之后，曹德旺就给后勤保障部门拨款一百万元，用来改进员工的餐标。他还给食堂多安排了人手，他对食堂管理员说："给员工做饭一定要保证新鲜，人只有吃得好吃得饱才有体力干活"。从那以后，福耀集团员工食堂的饭菜都是当天制作，偶尔有特殊情况，食堂的管理员也会第一时间告知，自此，员工食堂再也没有出现浪费粮食的行为了。

除了注重员工的道德素养，曹德旺还特别注重他们的职业进取心和积极性的培养。作为企业管理者，曹德旺清楚地知道从基层开始培养，帮助更多的员工找到个人发展方向和目标，这才是企业的成功之道。

为了帮助基础的员工们培养良好的工作习惯，曹德旺规定：员工不允许打麻将，即使是休息时间也不可以，即使在下班时间也不行，一旦发现有人打麻将，立马开除。

或许有人会问了，为什么要对员工这么严格呢？员工下班时间打麻将是他们的自由啊，即使没有上进学习，但这并不属于公司管辖的范围。但在曹德旺看来，每一个员工都是他的孩子，他要求员工能在"德育、智育、体育"全面发展，而"严禁打麻将"就是在培养他们良好的工作习惯。

"下班时间有很多事情可以做，沾上了这个习惯就没有心思工作了。"不得不说，曹德旺的一番解释，让人瞬间就能明白了他的良苦用心。之后，他又补充道："我每天都在办新工厂，你如果足够好，你可以到我的新工厂去当厂长，我给你提供这个条件！"

在曹德旺看来，作为一个工人其实还有很多的东西需要去提高，他其实也不想看到自己的员工一辈子都是工人，自己的工厂每一天都在扩建，一个有追求的工人，应该是怎么想着把自己的事情做好，一步一步往上面努力，而不是一辈子都只做一个工人，那样的人生又有什么劲呢？应该努力地去晋升，一步一步地往上面走，不想当厂长的工人可不是一个好工人。用心培养，并给予发展的岗位和空间，曹德旺站得高，看得远，他不希望员工在打麻将中虚度时光，他想让每个员工都充分利用好时间，努力学习，提升自己。有朝一日实现"做厂长"的梦想。

我们正处在历史的巨大变革中，无论对公司还是个人来讲都是一个千载难逢的好机会。如何解决公司员工管理问题，关键在于真正地把员工当作家人，不仅仅是给予丰厚的报酬，更重要的是要在个人成长方向给予引导，激发员工的积极性，曹德旺通过对员工素质的培养，对工作习惯的约束等方式使得福耀的员工真正地对公司产生信任，能够长久地和公司共同成长，携手并进。

第六章

客户至上，创造条件适应环境

能够满足客户以及市场需求是一家企业的核心竞争力。在很多人看来，福耀已成为全球最大的汽车玻璃专业供应商，占全球25%的市场份额，旗下子公司48家，雇员超过2.6万人，产品被宾利、奔驰、宝马、奥迪等全球知名汽车品牌选用。福耀生产的汽车玻璃满足了用户在现代化社会的品质体验。事实上，曹德旺从创建福耀玻璃到现在，就持之以恒地做一件事，那就是根据用户需求不断提高用户体验。在曹德旺和福耀人的眼里，福耀玻璃想要走向全球，根本办法只有一个，那就是创造条件适应市场需求，持续为用户提供优质的玻璃产品。因此，整个福耀团队三十年如一日地在产品质量和管理革新上努力。

曹德旺：
尝遍艰辛，秉承善心

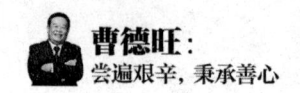

全球化市场扩展，渠道改革

  在曹德旺看来，坚守40年只做一块玻璃不仅是福耀玻璃所有员工一直在坚持的使命，也是市场对福耀作出的选择和要求。不管是在国内市场奋力前进，还是毅然决然地进军海外市场，福耀玻璃的初心和愿望都是为更多的客户提供优质的玻璃产品和品质服务。而为了这个目标，福耀人也一直在努力着。

  在曹德旺看来，福耀走向全球化的根本原因始终是为了让更多的用户能够得到优质的汽车玻璃产品体验。1990年代前后，大量走私汽车进入中国，为主打汽车配件市场的福耀带来了好时光，福耀在几年间迅速发展成为国内玻璃行业的翘楚。1991年，福耀获准公开发行股票，两年后，"福耀玻璃"在上海证券交易所挂牌交易，成为福建最早上市的民营企业，相应的，国内汽车玻璃行业的发展也到了天花板的位置。对于曹德旺和福耀玻璃而言，向国际市场拓展，几乎成为必然的选择。

而让福耀下定决心挺进海外市场，还是源于福耀玻璃第一次进军加拿大售后服务市场的失败经历。

1990年代初，曹德旺把第一次出海的目标放在了加拿大。但因为准备和经验不足，此次进军加拿大并没使福耀真正打开国际突破口——因为质量不合格，福耀玻璃在当地的汽车服务公司就被卡住了，遭遇投诉，全部被退回，因此导致的赔偿金额高达六七十万美元。对当时的福耀来讲，这是个相当庞大的数目。经历此次滑铁卢，曹德旺深刻地认识到国内玻璃市场的质量水平和国际上的差距，为了能够满足轿车工业需要，他花费重金引进芬兰设备——可以根据设计参数自动成型的一台钢化炉——那是当时国际上最领先的技术。新工厂的建设，也全面向国际接轨，整个工厂的布局、设计、工艺基本都引自芬兰，全部投资达6000万美元。

在当时，福耀在国内主要做配件市场，已经占据了维修市场60%~70%的份额。如果就此放弃海外市场，设备费用损失太大，那就只剩下一个选择——继续用国外市场需求来补充国内市场的所需不足。也就是从这个时候开始，曹德旺真正意识到福耀玻璃的发展必须走向国际化，否则等待他们的只有后退直至从国内市场上也彻底消失。

所以，在对自身发展和外界环境作出判断后，曹德旺带领福耀再次启程，他们这次试图批量向国外出口，这次的目的地是美国。

为什么会把第一站选在美国。当时的美国已经进入了高速发展阶段，很多美国家庭都拥有自己的小汽车，这里面蕴含着巨大的市

曹德旺：
尝遍艰辛，秉承善心

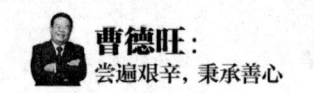

场和利润空间。最早，曹德旺是通过熟人介绍将玻璃卖给美国中间商，一片玻璃是30美元；中间商一倒手，可以卖到60美元；而真正到美国商业终端的时候，一片玻璃要卖200美元。曹德旺看到了终端市场的暴利，心有不甘，心想：钱都让美国人赚了，我要到美国建仓库，自产自销！他是一个雷厉风行的人，在1995年，曹德旺第一次在美国投资。这次他不是建厂，而是建属于福耀自己的仓库。1995年11月，曹德旺建成的第一个1.5万平方米的批发仓库GGI试投产，次年3月开始整批玻璃出口，到1996年年中时每月可以出口5万片左右。很值得夸赞的是，在美国没有出现任何关于质量问题的投诉。但是，在GGI正式投入使用的两年后，成绩让曹德旺傻眼了！GGI连续两年出现亏损！至此美国业务成了曹德旺的心病。

他百思不得其解：一块福耀玻璃在美国可以卖五六十美元，即使加上运费等开支，也应该有很大的利润空间，"我怎么想，都觉得不应该会亏损"。

为了解决亏损问题，曹德旺亲自到美国进行专题调研，还聘请了美国的市场调查专家。专家调研后给出的亏损原因是：人工费和运输费。福耀玻璃从中国运到美国，从码头到仓库，从装运到卸载，每一个步骤都是在烧钱。而曹德旺跨行业经营，做玻璃属于制造业，但批发市场、流通渠道是服务业。美国的批发市场被四家企业垄断，每一家都有几十亿美元规模，曹德旺只带一千多万美元就想赚零售行业的钱，这是不可能的。对此，专家给曹德旺提出的建议就是：从根源上解决问题，改变销售运输方式。也就是改分销为直销，把在中国生产的玻璃直接卖给美国的批发商。因为要在美国做物流，必须在每个州都设一个仓库，福耀当时的投资还远远不够，而到达美国之后的重新包装也花费巨大。

这是个好主意，可以节约成本。被一语惊醒的曹德旺听取了专家的建议，迅速调整战略，决定专心于制造，进行产销分离。不过为了尽可能提高利润，对于中间销售环节曹德旺也做了调整，由分销变为直销，跳过一级批发商直接进入经销商。曹德旺的小算盘是这样打的：在美国自己建仓库，每一片玻璃可以卖到60美元，而卖给一级批发商只卖30美元，卖给销售商则可以卖到50美元，还有价格竞争力。就是这一点变化，让他1999年当年赚了1000万美元。

"当初打算在美国设立仓库搞分销，确实没想到费用会那么高。"曹德旺回忆说。直到今天，在国际市场上纵横捭阖的福耀依然秉承着直销的模式，所有海外市场无一设厂。面对"不在海外设厂就不是跨国公司"的质疑，曹德旺不以为然，他始终认为，在发达国家不宜建厂，这是一种扬长避短的现实策略。

曹德旺：
尝遍艰辛，秉承善心

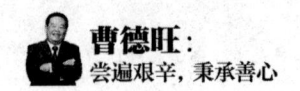

效益固然重要，环境价值更高

现如今，经济的快速发展，空气污染日趋恶化，人们对健康生活追求也在不断提高。地球只有一个，作为一个有良心和责任感的企业，应该意识到同呼吸、共命运的重要性，应该承担起保护地球环境的社会责任。

作为资源与环境消耗型企业的创始人，曹德旺深知企业在环境保护方面的责任和使命，并始终如一地践行相关行为规定。不以牺牲环境为代价，是曹德旺和福耀对自己，同时也是对社会公众作出的承诺。

2009年，曹德旺下令关掉了位于双辽市的浮法玻璃厂。这个厂曹德旺投资了8个亿，如果关闭自己的砂矿，就得去辽宁本溪去买，光运费每吨就要增加将近100元，严重影响到企业的效益，但曹德旺还是决定关闭这个厂，这是为什么呢？因为当时工厂沉沙中存在的氟，无法因为堆放时间长而淡化。曹德旺认为这个工厂长此以往，会给当地的环境带来无法逆转的损失，所以即使损害了自身的效益，他还是决定关停这个工厂。

在当时根本没有任何针对环境污染的有效法律措施，曹德旺也完全可以选择为了降本增效牺牲当地的环境。但曹德旺坚持做出了自己认为正确的决定。

其实，做企业就是做人。企业做得好与差，其实跟老板的品质和性格有很大的关系。曹德旺虽然是一个商人，但他有一个企业家的社会责任感与道义，与那些唯利是图的商人不一样的是他宁可损失8个亿，让自己日后的成本增加，也不去影响农民的利益，保障生态环境不被破坏。

很大程度上来看，福耀玻璃的成功离不开曹德旺的付出。曹德旺在社会责任和环境责任上的严格，也为福耀玻璃受到社会和市场的尊敬做出了最好的证明。从曹德旺的选择上，我们不难看出曹德旺的胸怀。

曹德旺的价值感和责任心始终贯穿在企业的经营管理中。

比如，曹德旺在环境保护上的坚持。2003年，曹德旺投资一个亿，在双辽收购了一个玻璃厂，并且在第二年开始盈利，高速发展的福耀一条生产线已经无法满足生产需要，迫切地需要进行扩张。经过与双辽市政府的多次沟通后，曹德旺开始了二线的搭建，并准备在双辽建一个精选硅砂厂。可问题也随之而来：双辽现有的砂矿中，硅含量只有96%，铁和铝的含量都比较高。而这样的砂矿，要作为玻璃用砂需要经过筛选，但当时的国内并没有成熟的选砂技术

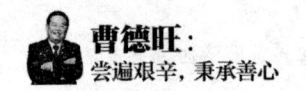

能够解决这个问题。

这时候，正好有一个留学德国回来的年轻人，名叫李蒙。有人把他推荐给曹德旺，李蒙口才不错，当下就给曹德旺留下了好印象。关于选矿技术的问题，李蒙表示很好解决，称德国拥有全球先进的洗矿技术，含铁和铝高的砂，可以用氢氟酸洗。

真的吗？心里还是有些担心的曹德旺又向相关人员咨询了国内的专家，得到的答复是：氢氟酸是可以将砂洗干净，但氢氟酸是剧毒化学品，洗砂后的水如何处理？这一环保问题要怎么解决？曹德旺在环保问题上非常谨慎，就这个问题再次咨询了李蒙。李蒙随即解释说："使用德国的技术，可以解决环保的问题。就是建沉淀池，不排放。这一解决方法，在欧洲已经非常流行，环保验收上，设备供货方会提供保证。"于是，曹德旺投入了800万美元左右的资金，向李蒙他们订了一套选矿设备，再加上选矿厂的基建，总投资达到了8000多万人民币。与此同时投资八亿元的二线也开始建设。

2006年8月16日，双辽浮法二线即600吨/天浮法线点火投产。但李蒙推荐的洗矿技术，砂可以达标，但环保问题一直无法全部解决。选矿后，溢出的废水，经检测氟超标，会污染环境。

这是曹德旺遇到的第一个污染难题，需要在废水排放和生产效益之间作出选择。专家明确告诉曹德旺，不是不能排放，如将浓度降到标准的0.01%水平可以排放。"我们日常使用的牙膏中，为清洁牙还特意加入氟。所以，一点点的氟，是人体可以接受的。"

怎么办？曹德旺的底线是绝对不能污染环境。但现实的情况是，为了公司的利益，他们需要寻找到更好的解决办法。当时研究，制定了一个方案，即在选矿厂与双辽市污水处理厂中间铺设一条无缝钢管，直接将选矿厂的废水送往水厂混合处理后再排放。

第一次的环境污染问题总算解决了。

然而，好景不长，又一个新的问题出现：在洗砂的过程中会有沉渣，而这些沉渣是从含氟的水里捞出的，所以氟含量也是超标的。这个要怎么办？双辽市政府给出的方案是建议福耀买一个采石坑用于堆填，但是这种方法无法保证地下不会外泄导致污染地下水。而这种沉渣达到了每天100吨。

曹德旺再次面临选择，到底是牺牲环境，还是舍弃既得利益。

在沉静了好久后，曹德旺拨通了双辽的负责人，他告诉负责人直接关闭砂矿厂。下属马上急了，很不解地问曹德旺，到底是为什么。曹德旺回答说："沉渣中的氟，不会因堆放时间长而淡化。我们每天100吨左右沉渣量相当大，长期堆存，积少成多，会成为一个祸害子孙的根源，必须关闭！"

虽然心里明白，但下属还是想再劝一下，毕竟公司为此付出了很大的金钱成本和时间成本，"老板，我们在这里刚建一个浮法厂投资了8个亿，若关掉自己的砂矿，我们要去辽宁本溪买，光运费每吨就要增加近100元。这会大大增加生产成本，严重影响到企业的效益。"

面对砂矿厂的这种情况，曹德旺最终还是坚定了选择了维护环

曹德旺：
尝遍艰辛，秉承善心

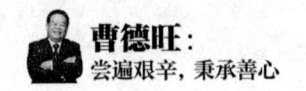

境。就像曹德旺说的，没有环境单纯要效益是没有任何用的。或许我们能够获得短暂的利益回报，但从长远来讲，自己的良心是不安的，而对一个企业的长期发展而言更是没有任何价值的。就这样，2009年，曹德旺关闭了双辽砂矿。

作为一家行业内的领军企业的创始人，曹德旺始终坚守本心，严守社会公德和环境保护的底线，是对企业社会责任的担当，更是对自身与生态环境关系的一种正视。

而在近些年来，福耀始终以绿色发展为目标，打造资源节约的环境友好型企业。近年来，福耀通过设备改造、工艺升级、绿色研发等创新手段，持续优化全流程、全链条、全周期的能源利用、废物处理，实现了电、气、光、热、可再生能源的"多能互补"，年减少用电量1.15亿千瓦时，节省标准煤6.8万吨，减少二氧化碳排放15.2万吨。

效益虽可贵，但环境价更高。在我们未来的建设中，需要绿水青山。希望企业能够更加自律，减少对环境的危害，承担起更多的社会性环保责任。

创新造就持久竞争力

近些年，中国制造业面临的生态环境发生着深刻的变化。一方面，随着中国人力成本的提高，人口红利日渐消失，外来制造业正逐步转移到东南亚、印度、巴西等地，传统的以低成本为主要竞争力的制造模式已经不能满足时代需求。另一方面，德国提出"工业4.0"，美国提出"工业互联网"，都将制造业的提升放在国家战略高度。对比世界先进水平，我国制造业仍然大而不强，在自主创新、资源利用、产业结构、信息化和质量等方面差距明显。

与此同时，我国玻璃产业快速发展的过程中长期积累的矛盾和问题也日益凸显，如汽车玻璃产品结构不尽合理、低端产品产能过剩，同时高端市场的汽车玻璃技术严重短缺，供远低于求。

面对新一轮的产业变革与市场挑战，身为全球最大的汽车玻璃供应商却始终保持上扬势头。据福耀玻璃财报，2019年公司实现营业收入211亿元，实现归属于上市公司股东的净利润28.98亿元。

曹德旺：
尝遍艰辛，秉承善心

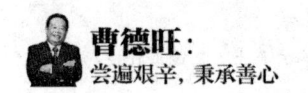

2020年上半年营业收入为81亿元，净利润为9.6亿元。

福耀稳健发展的动力何在？看似普通的汽车玻璃藏着什么奥秘，可以让福耀集团逆势而上，稳居全球第一大汽车玻璃生产制造商？福耀集团的答案：创新驱动。

这个时代，发力科技创新不新奇，难的是始终引领风向。怎样才能最大限度地开发一片玻璃的前景空间？曹德旺的答案是：技术创新。曹德旺在以前的采访中，就说过，福耀现在面临的问题就是两个，一个是把旧的、传统的玻璃甩掉，另一个就是让新的玻璃出来，只有做好这两点，才是福耀未来的发展思路和发展方向。

同样是一片玻璃，为什么众多汽车巨头都选择福耀玻璃？福耀凭什么取胜？福耀集团总裁左敏说，除了外观设计不断改进外，福耀还在玻璃的安全性、舒适性、环保性、智能性等方面不断创新，这是持续领跑行业的关键。逻辑直接，一步到位。

新的时代，传统的行业也需要有新的发展思路，才能增强自己企业的核心竞争力。当别人还在犹豫是否要进行创新变革的时候，福耀已经下手行动了，当别人刚开始行为的时候，福耀正在朝着增加汽车玻璃附加值的方向不断地优化、发展。

能在透明与不透明之间随意切换的调光玻璃、能接收无线电波的镀膜天线前挡玻璃、能显示仪表盘的HUD抬头显示玻璃、可隔绝99%紫外线辐射的UV-CUT玻璃……长期以来，福耀不断拓展"一片玻璃"的边界，由"产品供应商"向"为客户提供汽车玻璃解决方案"转型。

由此，福耀制造的汽车玻璃功能逐步拓展，越来越节能环保、安全舒适。比如福耀开发的前挡夹丝加热玻璃，在玻璃内层夹入无数非常细的电加热丝，可实现均匀加热，在雨雪天气快速为玻璃去冰除雾，既方便实用又节能环保；比如智能调光天窗，在玻璃间加入调光膜，通过调节电流使膜中的粒子按一定方向排列来改变玻璃的透光度。据介绍，可调光玻璃天窗的应用，一方面可以保护乘客隐私，也更具个性化和智能化，能够分档调整玻璃的透光度。此外，未来随着自动驾驶等技术的成熟，这些智能玻璃也可以化身屏幕，利用显示或投影技术，供车内人员影音娱乐。

创新的目的，是让驾驶者获得更愉悦的体验。如抬头显示玻璃，通过高精度前挡将汽车运行信息清晰投射到驾驶员正前方玻璃上，在汽车行驶过程中，驾驶者无须低头就能知晓车辆信息。还有憎水玻璃，采用溶胶凝胶法，在玻璃表面形成一层含氟化合物薄膜，增大玻璃对水的接触角，使得玻璃表面不易沾水珠，可以提升雨天行车的能见度。

福耀集团副总裁黄贤前表示，这些成果都是福耀集团几经探索与锤炼而成的，福耀集团的核心制造设备实现完全自主研发，特别是在新材料、新工艺及加工设备上，已经达到了国际领先水平。

尽管曹德旺和福耀玻璃的玻璃技术革新从未停止，但市场也总能为他们找到新的增长点。

目前，福耀不断拓展"一片玻璃"的边界，由产品供应商向为

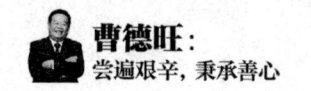

客户提供汽车玻璃解决方案转型。

创新是一家企业长久发展的生命力。对于曹德旺来讲，福耀集团发展到今天，最离不开的就是创新，而持续创新离不开"肥沃土壤"——全体员工。在福州市及福清市创新发展大会上，总经理左敏也屡次谈到，福耀创新的财富是整个集团2万多名员工的智慧。在福耀，创新从来不只是科研人员、技术人员的工作，而是每一名员工的事。

几年前，福耀集团重庆公司包装车间的一名普通工人，发现公司进口的绝缘胶价格昂贵，功能仅限于防护，性比价低。于是他找材料做实验，用一种国产胶替代了这款性价比低的进口胶，为公司节省了一笔不小的成本，这名工人因此得到福耀集团的嘉奖。

为了从机制上激励，从2008年开始，福耀在集团内部设立了集团创新奖，一年一次。在获奖名单中，来自一线的员工，每次都占到50%以上，每年奖金高达百万元。2016年，福耀更是投入数百万元，设立董事长奖、总裁奖、最佳工匠等十余项创新奖项，截至2018年底，福耀玻璃共申请专利1455件，其中发明专利557件；已授权专利1098件，其中发明专利275件。职工创新热情的背后，是企业注重提升企业的研发能力，注重技术和管理人才的培养。

近年来，福耀不断加强与厦门大学、南京大学、福州大学、福建工程学院等高校的产学研合作，在玻璃制造与深加工、玻璃相关新材料、信息化技术、自动化控制等领域共同开展关键技术攻关，培养玻璃专业人才，为福耀可持续发展奠定坚实的人才基础。如今，一颗颗创新因子已深入福耀的机体，自下而上的全员创新、思想观念引领的制度创新、技术领域的学习创新成为福耀能够永葆创新精神和持久动力的核心要素。

面对新一轮的产业变革与市场挑战，百尺竿头，更进一步！管理创新、智能化改革是关键。在工业4.0方兴未艾之际，曹德旺敏锐地把握机遇，在持续推动全员创新和质量发展的同时紧盯产业前沿，以建设"福耀智能工厂"为目标，以技术创新为根本驱动力让福耀玻璃实现了从"制造"到"智造"的转变。

2014年第三季度，曹德旺提出"技术领先、智能生产"两大战略，即通过自动化和信息化不断融合，搭建数字化的链接通道，打通研发、生产、管控、销售等各个环节，实现定制化产品、自动化制造、智能化运营。一年多的实践，已初见成效。2015年福耀集团搭建数字化的链接通道，数字化企业构建逐渐成形，实现定制化产品、自动化制造、智能化运营的福耀模式，打造中国制造业的工业4.0范本。

"如今，生产线上的每一件产品的每一道加工工序都被电脑记录，在生产流程中形成了完整的可追溯体系。客户只需要在手机端登录账号，就可以看见自己定制的玻璃，正处在什么生产阶段，包括其身份ID的所有信息，全都一目了然。"福耀的管理人员表示。

曹德旺：
尝遍艰辛，秉承善心

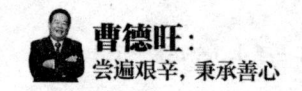

现在市场的竞争越来越激烈，如果企业想要在这个激烈的竞争环境中存活下来，就必须提升自己的竞争力。而持续大力发展低碳环保节能的、不同于传统的轻量化玻璃、智能化玻璃等高附加值的产品就是现在福耀顺应市场，从而在未来新格局中占有一席之地。

乡镇企业也可以上市

1993年6月，福耀玻璃获准公开发行股票，成为国内首家上市民营企业，也是第一家同行业上市公司。此后至今的四十多年里，福耀玻璃的股价一路看涨，目前的市值是600多亿，稳居玻璃行业龙头老大的地位。

如今曹德旺已经成为中国实业企业家的领袖级代表。相比于其他同行业企业，曹德旺让越来越多的初创企业家和一直追随福耀的股东们真切地感受到了一个企业家真诚的魅力。他白手起家，性格刚烈，个性鲜明，他也真诚果敢，敢想敢当，有着不同于其他同期企业家的人生底色和人格信仰。

或许，他并不能是一个能够得到资本市场认可的商人，但只有这样的曹德旺才能将一家乡镇企业成功上市，成为最具投资价值的A股公司之一。

在当时，与掌握得天独厚资源的国有企业相比，从体制外蓬勃

曹德旺：尝遍艰辛，秉承善心

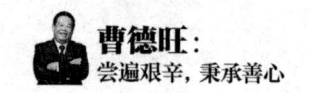

成长起来的乡镇企业一出生就面临更为严苛的生存环境，像曹德旺这样的农民企业家的创业注定充满了艰辛。

1990年左右，国家放开资本市场，开始试水公开发行股票。当时的曹德旺和国内大多数人一样，对公司上市一窍不通。当时他受一位金融界朋友邀请去新加坡考察，其间对方跟他提到了公开发行股票的事情，曹德旺当时对于上市根本没概念，他只是想，为什么好好的公司要上市，为什么要把自己的股权稀释呢？

这位朋友特别热情，他把关于公司上市的操作方法跟好处一一给曹德旺解释了一遍，这些曹德旺才知道原来公司上市有这三点好处：

1.上市之后公司的股票就能交易，就会有人去研究公司的经营状况，公司的知名度就会得到提高；

2.企业可以设置期权，可以用来激励公司的管理层，提升大家的工作能力；

3.有了更多的资金投入，更有利于公司的发展。

此时的曹德旺根本不懂什么是上市，但他明确了一点：福耀的未来市场发展和扩张可以通过上市来实现。所以，回国之后，曹德旺就着手研究福耀玻璃厂的上市问题。都说赶得早不如赶得巧，福建省在找一家企业做国内证券市场上市试验，他们找到曹德旺问问他是否有意向。曹德旺当即就同意了，说："福耀玻璃本来就是改革开放的实验品，省里需要做实验，那就拿去吧。"

就这样，福耀玻璃厂在省里的操作下，开始试验性上市。当时1990年福耀的净资产是6127万元，他们按照一股1.5元计算，一共分成了4085万股，面值一块，一股卖1.5元，实际上等于没有溢价。同时确定了1991年6月22日由闽发证券发行。

为此曹德旺带头向周围人普及股票知识，大家都知道曹德旺会赚钱，因此，福耀玻璃第一批发行的1600万股，以1.5元/股的价格很快就卖光了。第一批发行了1600万股，一共是价值2400万元。那时，整个福建还没有一家公司发行过股票，很多人并不愿意花真金白银去换证券公司几张软趴趴的票据。但当时大家都认识曹德旺，知道这是一个很会赚钱的人，出于对曹德旺人品的信任，再加上当时的卖价很便宜，所以1600万股被抢购一空。

但很快，由于手续问题，福耀集团上市时间一再推迟，市面上谣言四起：福耀股票不能上市，曹德旺圈了钱想跑到国外去！大家越传越真，到最后都信了。

那些持有福耀股票的人，都在想办法把手里的股票转手，曹德旺是个实在人，看到因为自己的公司弄得大家人心惶惶，便帮忙为想卖出股票的找下家，但在当时下家实在不好找，为了保住福耀公司的声誉，曹德旺最终决定自己回购。要知道，当时福耀的股票私下交易价格已经涨到了2.5元一股，曹德旺只能赔钱收购，最终收回来400万股，但也借了很多高利贷。

那段时间，曹德旺有苦难言，整个人焦虑到不行，他甚至不知道如果福耀最终无法上市，自己该如何解决巨额债务。直到有一天，他跟一位银行的朋友喝酒，诉说了自己的苦楚，朋友出主意，

曹德旺：
尝遍艰辛，秉承善心

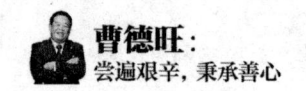

让曹德旺把法人股抵押给银行，用贷款还账，这个主意算是帮助曹德旺解决了高利贷的问题。

1993年6月，在各项手续顺利过关后，耀集团在上海证券交易所上市，当天收盘价为40.05元，创下福建首批上市公司股票的天价。而这也意味着曹德旺自己当初投入的625万元资金足足翻了10倍，不但还清了所有的借款，作为第一大股东的曹德旺额外还有近2亿元的进账，换句话说，上市当天曹德旺便成了"福建首富"！

曹德旺曾在接受外界媒体问询时表示，"我们真正负责任做企业的，要很认真地研究，这个事情到底要怎么做好。把股票发完，要对股东负责，让股东赚到钱。我们要做的事情就是，福耀玻璃不参与资本市场的炒作，不弄虚作假，实事求是，（如果现金）没办法再投资，我们就拿去分掉，保证投资者的权益是平等的。"相应的，事实也确实如此。自1992年福耀上市，此后的几十年一路走来，福耀不断经历困难艰辛，跨过高山河流，但始终将公司的发展、股东的利益放在第一位。

如果福耀是一艘商业巨轮，掌舵的船长就是曹德旺东。福耀之所以能够长久发展，离不开曹德旺的坚守和善良的回报。福耀之所以敢于始终保证将股东的利益放在第一位，曹德旺的思想和人格修养更是关键的因素。所以，一个成功企业必然有一个勇于担负责任、富有使命感的企业家。

专注铸造品牌

不一则不专，不专则不能；专心以成事，专纯以建功。从1987年建立福耀集团至今，曹德旺一直在专注地做玻璃，始终没有动摇过，长期的专注让他在这个行业积累了技术和市场，而这些都成为福耀最终走向成功的关键。

众所周知，曹德旺的一生钟情玻璃行业，这些年来，他既没有移情其他行业，更没有像同期的其他企业一样，看到什么行业赚钱多，就往什么行业去钻，而是始终专注于自己的领域，专注于玻璃产业的发展。

曹德旺被无数次问过，"为什么不去做金融和地产，不走多元化经营，非要死死扎根在艰苦的制造业"。在曹德旺看来，互联网做P2P、做资金投融资平台不是自己的事情。他只愿意做玻璃，只守在自己熟悉并钟情的阵地上。什么都做，反而最后可能什么都做不好。

曹德旺：
尝遍艰辛，秉承善心

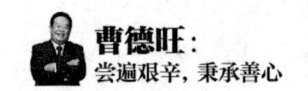

相对于其他同期多元化发展的企业而言，曹德旺对玻璃的质量和品牌打造提出了更高的要求，长久的专注让福耀在这个行业积累了更尖端的技术，比如，福耀玻璃的机器人设备普及率超过美国水平，接近日本水平，能够进行多批次、小批量的柔性化生产，其整体生产效率比同行平均高出25%以上。

发展至今，福耀一直以"行业顶尖水平"为豪，尤其是在高附加值产品以及新兴技术产品上。从表面上看起来，福耀做的东西很传统，但在智能化个性化需求满足和新品创新方面，福耀玻璃的产品附加值优势明显。

专注成就技术革新。20世纪80年代，怀着生产出"属于中国自己的一片玻璃"的伟大愿景，曹德旺的生意从水表玻璃中萌芽。1987年，在当地政府的支持下，曹德旺持续扩大经营规模，兴建中外合资福建耀华玻璃工业有限公司。次年投产的汽车玻璃业务在随后几年大放异彩，两年后，产量和品牌在国内乡镇企业中脱颖而出。

当时，福耀生产的汽车玻璃是精品，但几年后，随着全球经济环境的变化和市场需求的革新，曹德旺开始意识到"它们是废品"，"只有做成玻璃总成，甚至是与新车研发同步设计来开发的玻璃总成，才能行"。

从一片小小的玻璃开始，曹德旺和福耀至此开始了三十多年的技术创新和自我革新。90年代全球化经济进程加快，为了应对正在发生的汽车工业变革，福耀开始拓展"一片玻璃"的边界，研发出多种功能强大的高附加值产品。譬如，针对新能源汽车，因为续航里程是各厂商之间竞争的关键，大家都在往轻量化方向发展。为了满足新能源汽车的革新需求，福耀研制出超薄夹层玻璃，其原片厚度在1.1毫米以下。除此之外，如HUD抬头显示玻璃、隔音玻璃、憎水玻璃、智能调光玻璃、镀膜玻璃、超紫外隔绝玻璃等都是新时代环境背景下应运而生的新产品。

除了在市场需求下应运而生的新产品之外，新技术的应用也成为福耀发展的重点。随着汽车的智能化趋势的发展，福耀正在研发的项目里也包括了有玻璃的显示、调光、信号接收等技术应用。除了研发新产品，生产线上日积月累的持续改进同样重要。作为工信部确定的中国智造示范项目，福耀推进工业4.0战略已有8年时间，在企业内部搭建数字化链接通道，搭建大数据平台，实现定制化产品、自动化制造、智能化运营——曹德旺想要的是一家数字工厂。

时至2023年，70多岁的曹德旺并没有停止脚步，他仍然没有停止探索，他说，"未来几年我会把国内所有的工厂全部推翻重建，用全新的技术来生产新品。"

除此之外，专注让曹德旺得以持续深耕汽车玻璃市场。

20世纪80年代曹德旺初涉玻璃行业，那时候做维修市场，维修市场做完以后中国市场不够就拿到国外去卖它。因为只做维修市场，维修市场的量很少，那个时候做了20年的玻璃加起来也没有很大的市场份额。

1993年，福耀在曹德旺的带领下转向主攻配套市场，在全体

曹德旺：
尝遍艰辛，秉承善心

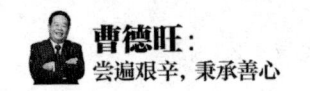

员工不懈地努力和试验后，福耀玻璃成功挺进国际汽车玻璃配套市场，顺利成为一汽捷达、二汽雪铁龙、北京切诺基等84家汽车制造厂的汽车玻璃配套商。

2001~2005年，曹德旺带领福耀团队艰苦奋战，花费1亿多元，打赢了反倾销案，至此福耀集团彻底打开海外市场。

2011年6月，福耀挺进俄罗斯，在卢卡加州投资2亿美元设厂，项目竣工投产后福耀成为俄罗斯汽车市场主要玻璃供应商。2014年，福耀又投资6亿美元，在美建厂。该工厂拥有450万套汽车玻璃+400万片汽车配件的生产能力，是当时全球最大的汽车玻璃单体厂房。项目一经投产，通用、克莱斯勒等整车客户的订单络绎不绝。同年7月，福耀收购世界汽车玻璃巨头PPG公司旗下芒山（Mt. Zion）工厂，包括土地、厂房、两条生产线等。经过升级改造的设备满足了汽车玻璃要求的各等级浮法玻璃。2016年，福耀继续美国项目二期建设、建立研发中心的建设，同时在德国建立包边工厂。至此，福耀在全球拥有福建、上海、美国、德国四大设计中心。

目前，福耀集团已经是汽车玻璃行业当之无愧的龙头老大。

从当前福耀集团的布局上来看，整体的发展更加集中化，业务的延展和深耕基本都是围绕玻璃行业展开的。但其实福耀的发展也曾走过一小段弯路，如此庞大的行业巨头也差点被多元化的发展拖累而倒闭。

1991年福耀股票成功发行，曹德旺一下子募集了2000多万元。这笔钱应该怎么用？向来只专注玻璃行业的曹德旺在上市公司的投资发展问题上变得犹豫起来。当时很多乡镇企业痴迷于多元化发展，福耀也跟随潮流涉足了房地产行业。

但谁能想到，就是这一次投资差点拖垮整个福耀。

这一年，在福清县政府的建议之下，由福耀玻璃工业股份有限公司牵头，联合5家县属国企，组建福耀开发工业村有限公司，开发福清市宏路镇的500亩地。由于福耀没有房地产经验，仅和福建一建的施工纠纷就打了6年官司，直接与间接损失累计近亿元。

紧接着更致命的问题一个个接踵而来：先是海南经济危机的爆发导致全国银根收紧，福耀工业村建设资金出现困难；紧接着原来参股的农村信用联社，因为政策原因撤资；更是让曹德旺本人都没想到的是，这一年汽车玻璃市场竞争加剧，效益急转直下，而当年玻璃的利润甚至还不够支付工业村的贷款利息。种种状况的出现，让福耀公司的财政摇摇欲坠。最后，曹德旺发动前几大股东（占股超过50%），将工业村项目低价打包卖给香港的spv公司。

更糟糕的是，除了房地产行业，福耀还涉足装修、加油站、配件、贸易等行业，虽然看起来似乎发展得很好，但整年核算利润却相当有限，企业发展进入了"瓶颈期"。

福耀未来发展的方向在哪里？怀着对企业现有发展的疑虑和对未来的迷茫，曹德旺将福耀公司年度经营报告带到香港，请香港的总监朋友按国际标准进行评估。这位总监看了财务报表之后，一针见血地指出了福耀的问题："你们既做汽车玻璃，又做房地产，还搞装修工程，你们究竟想吸引什么样的股东来继续投资呢？

曹德旺：
尝遍艰辛，秉承善心

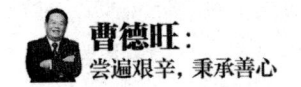

做玻璃的对房地产不感兴趣，同样，做房地产的对汽车玻璃不感兴趣。你的不专业会让投资商犹豫，因为不专业就不会成为最后的赢家。"

一席话，让曹德旺茅塞顿开。从那一刻起，曹德旺下决心在汽车玻璃上做深做专，强化主业竞争力。事实证明，没有从其他无关行业挣一分钱的福耀，汽车玻璃主业做得越来越强，成为全球第二大的汽车玻璃制造商，成长为世界级企业。

正如曹德旺所说：把拳头捏紧，专打一点，更有冲击力，这就是专业化。或许福耀除了聚焦主业之外，不赚快钱，专注经营的理念，也是成为伟大企业重要因素。

走出去，跟着产业链走

身为跻身全球汽车玻璃供应商前三名的福耀集团，在21世纪初就顺应中国企业"走出去"的浪潮，在海外谋篇布局，足迹到达新加坡、美国和加拿大。如今，福耀的工厂已经覆盖至欧洲、美洲、澳洲和亚洲，成为中国第一、全球第二的汽车玻璃供应商。

从一家濒临倒闭的乡镇企业，到经营版图已然扩张到全球的行业领军者，福耀集团已然成为中国企业"出海"的优秀代表。在瞬息万变的全球经济环境下，它究竟是如何快速在海外市场中迅速站稳脚跟成为业务遍布全球的汽车玻璃供应基地的呢？众所周知，福耀玻璃的产品得到了众多汽车品牌的认可。事实上，如果说选择"走出去"，源自曹德旺对全球行业发展态势的敏锐判断。福耀能够顺利打开海外市场布局全球化产业，都是曹德旺推进"产业链系统全球化"战略的结果。

"我们要跟着产业链走"——十几年前，曹德旺在对全球玻璃

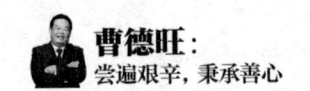

行业市场的发展作出判断之后，福耀就确定了这样的战略。

"2008年的金融危机给汽车玻璃行业格局带来巨大的变化，国际同行因为原有的大批量生产模式和个性化、小批量的消费需求相悖，导致成本高涨。而且，汽车玻璃业务只是其集团多元业务的一块，因而渐渐被边缘化。福耀始终专注于做汽车玻璃，提升综合竞争力，我们的比较优势明显，因此渐渐赢得更多汽车厂商的信赖。"在当时，福耀的国内业务占有率已经达到了70%，基本触达到了行业发展的天花板，但此时福耀在国际相关市场的份额仅仅不到20%，大片的市场空白让"走出去"成为福耀的必然选择。

"走出去"对于福耀这样的福建本土企业来讲，不仅适用于国内市场，也适用于国际市场。由是观之，"全球化"必然包含着"在地化"，"走出去"也是本土化自然而然的延伸。

当时，国内汽车整车厂分散在各个省市地区，福耀的汽车玻璃厂想要与其他走产业链配套生产的同行业企业抢占市场，就必须解决路程和时间距离问题。福耀如果能把工厂搬到消费者家门口，减少其中间环节，节省仓储物流成本，就能以最佳的性价比抢占市场份额，自然也更有利于上游整车厂家降低生产成本。当然，福耀也就能更好地发挥当地的人力、土地等资源优势，就近联手整车厂家协同创新，互利共赢。

秉着"跟着产业链走"的发展理念，以及新世纪汽车行业的上升态势，福耀作出了走出福建，布局全国的决策。2000年8月，首次"走出去"的福耀在吉林长春（一汽总部）投资建厂。截至2023

年，除福清本部，福耀已在全国16个省（市）建设了现代化汽车玻璃全产业链生产基地。

布局国内产业链市场的同时，福耀早已将触角伸向海外。1995年，在美国设立销售网点；2006年至2008年，在日本、韩国、德国等国成立子公司。不过，此时的福耀因为考虑到当地建厂的成本以及对市场的不熟悉，这些机构的存在更多的是为了卖福耀汽车玻璃及服务。

2010年以后，随着福耀的产品逐步跟国际市场接轨，大众、通用、宝马等汽车巨头对其订单需求越来越多，福耀玻璃成为全球汽车行业中不可或缺的一环，大产业链系统全球化战略在福耀应运而生。"跟着产业链走，客户去哪我们去哪，不仅是针对国际汽车企业的，中国汽车企业如果到国外制造汽车，福耀也会跟着去建配套厂。"曹德旺说。

与很多贸然"走出去"，奢望能够凭借低廉的价格和非当地的产品打开海外市场的企业不同，福耀响应国家"走出去"战略的实施，布局全球稳健慎重，是跟着全球化的产业链在走，稳扎稳打。一定程度上来讲，大步"走出去"，已成为近年来福耀的耀眼表现，也是"中国制造"真正实施全球化战略的典范。

正是因为"跟着产业链走"，福耀在俄罗斯、美国投资设厂都是应汽车行业客户邀请，通过制造、服务、销售全方位"全球化"。福耀之所以能够更深入地进军全球市场，还是因为这些汽车巨头需要福耀，需要它提供性价比更高的汽车玻璃配套。

曹德旺：
尝遍艰辛，秉承善心

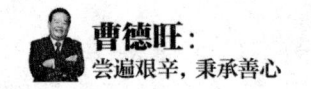

　　2011年6月，应大众汽车等合作伙伴之邀，福耀挺进俄罗斯，在卢卡加州投资2亿美元设厂。设计产能为年供应300万套汽车安全玻璃。2013年9月，项目一期100万套汽车玻璃顺利投产。

　　这个项目是为德国大众汽车配套的。"过去，我们要从上海、长春等地，把生产好的玻璃运到德国，再运到俄罗斯，几经周折，大众和俄罗斯方面都觉得不方便，而且成本高。"曹德旺介绍，这一步，将使福耀成为俄罗斯汽车市场主要玻璃供应商。这一步，将使福耀成为俄罗斯汽车市场主要玻璃供应商。

　　进军全球最大的汽车消费市场——美国，福耀同样是以产业链配套为纽带，稳扎稳打。

　　在全球投资的同时，福耀布局国内的步伐从未停止。2016年8月，投资4亿元的福耀天津生产基地成功试产，年产量达400万套汽车玻璃；同年10月，福耀正式决定在辽宁本溪投资5亿元新设一家浮法玻璃工厂。福耀集团负责人表示，随着汽车需求量加大，国内汽车市场仍将稳步增长，福耀亦将持续为中国汽车工业发展贡献力量。

　　截至今日，福耀"走出去"已累计斥资几十亿多美元，可以说福耀的全球化布局是与整个汽车行业的产业链紧紧绑定在一起的。

　　但2020年之后，疫情蔓延全球，中国出口承压，全球供应链都受到疫情不同程度的冲击，福耀的海外市场自然也不可避免地受到影响。福耀美国工厂底特律三大巨头——通用、福特、菲亚特均宣布关闭北美所有工厂。三家车企都是福耀的客户，福耀的海外工厂自然无法独善其身。福耀海外的其他几个工厂的订单也有不同程度的减少。

对于疫情后全球性的产业形势变化，曹德旺表示，逆全球化和全球产业链简化、转移是趋势，"在过去的几十年中，世界各国立足于全球化并从中获益，每个国家的产业链都无法独善其身，必须嵌入到全球的产业链中。但这次疫情之后，各国的不信任度将增加。相信各个国家会对产业链政策作出一定的调整，各国着手构建更独立、完整、安全的产业链会是一个趋势。在全球产业链被简化的趋势下，会出现逆全球化的阴影。"

据曹德旺判断，中国工业的发展在当下的阶段势必会迎来一波新的变革。目前福耀也正在谋求产业链的独立，创新技术，发展出不需要国外的产业链。而这势必将成为整个中国工业的发展方向。

曹德旺：
尝遍艰辛，秉承善心

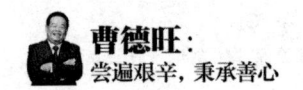

构建护城河，产业链垂直一体化整合

和全球化战略一起成为福耀发展核心的还有曹德旺的产业链垂直一体化整合战略。在意识到汽车玻璃环境的剧烈变革之后，如何构建护城河，拓宽这"一片玻璃"的边界，成为福耀未来发展的重心。

福耀玻璃"护城河构建计划"的发展引擎主要有两个，一是新能源车的快速发展，二是铝饰条业务的扭亏为盈。

进入新世纪，新能源汽车普及度得到了提高。在曹德旺看来，虽然福耀的玻璃还是很传统，但无论是新能源汽车还是传统汽车，都要用得到玻璃。既然市场对玻璃提出了智能化个性化等要求，那福耀要做到的就是满足他们的需求，不断开发适销对路的产品。

针对市场需求，福耀玻璃不断推出更加智能环保的汽车玻璃产品。

通过不断升级，福耀玻璃的镀膜玻璃已拥有更高的环保指标、更强的隔热能力、更多的功能集成。针对汽车减重要求，福耀的玻璃推出超薄的轻量化汽车玻璃，在传统玻璃的基础上减重10%至40%，单片原片厚度可小于1.1毫米。单是这项指标就让福耀玻璃获得了越来越多汽车厂商的关注。目前，目前，福耀玻璃向小鹏汽车、蔚来汽车、特斯拉等新能源汽车品牌提供了这个品类的汽车玻璃。

据福耀相关工作人员介绍，为完成新产品开发，公司在新材料、新工艺等方面同步规划，70%以上的机械加工设备实现自主研发生产，基本达到国际先进水平。

在曹德旺看来，全球汽车产业正在经历转型升级，汽车行业竞争正由制造领域向服务领域延伸，汽车消费由实用型向品质化转型，整个汽车行业向着电动化和智能化演变，汽车玻璃技术和应用场景持续升级，这都为天幕玻璃在汽车行业的使用提供了新的机遇。

目前，比亚迪等主流品牌的中高端车型均搭载了全景天幕，而当前全景天幕的普及率越来越高。2020年天幕玻璃在新能源车中渗透率约为16.4%，2021年已增长至23.5%。与此同时，天幕玻璃的均价也出现了大幅提升，目前福耀的普通天幕玻璃均价在800~1000元，集成更多功能的天幕玻璃的价格最高已达5000元，预期到2025年天幕玻璃均价在1500~2000元之间，天幕玻璃的普及将会带动汽车玻璃量价双增。

这对福耀来说，实在算得上利好消息。福耀玻璃一直推动汽车

曹德旺：
尝遍艰辛，秉承善心

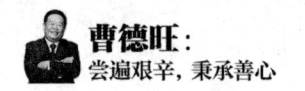

玻璃朝着安全舒适、节能环保、造型美观、智能集成方向发展，增加玻璃产品的附加价值，从而提升公司产品市场竞争力。

据了解，福耀玻璃从2004年开始供应天窗裸玻璃，2007年可供应天窗玻璃注塑包边总成的模块化产品，2013年，福耀玻璃开始攻关固定式全景天窗总成。固定式全景天窗的主要特点是使用大面积的玻璃代替车顶钣金，目前，福耀玻璃最大可以生产2米×1.4米超大规格的半钢化夹层天窗玻璃，不仅具有极佳的采光效果，还可以集成多项高科技新技术，如智能调光、镀膜隔热、太阳能以及氛围天窗等。

目前，福耀玻璃还在大力研制太阳能玻璃，在玻璃里加入太阳能电池组实现能量转换，如果研发成功，汽车玻璃还可以实现光伏发电，那么这将进一步推动新能源汽车的快速发展，也将加大汽车玻璃的销量。

随着新能源汽车的普及和汽车玻璃的智能化，福耀玻璃的销量和价格都出现了上涨。预计在很长的一段时间里，天幕玻璃都将成为福耀玻璃的核心增长点。除了相关玻璃产品之外，福耀玻璃还在打造第二个增长点，那就是铝饰条，虽然目前铝饰条业务还未实现盈利，如果未来铝饰条的渗透率越来越高，那么配合汽车玻璃"捆绑"销售，可能会再造一个"福耀"。

福耀玻璃是从2015年开始布局铝饰条业务的，收购三锋集团并成立通辽精铝，实现了从上游铝锭到下游饰条半成品成型的全产业链布局。

由于铝合金具有硬度高、轻量化、可回收程度高等优势，铝饰件产品有望在新能源汽车时代得到更加广阔的应用空间。据专业机构预测，2026年平均每辆车的用铝增长量将达到12%左右。截至目前，就有特斯拉MAX系列车、比亚迪唐系列车将铝饰条作为标配应用到旗下车型中。

铝饰条在汽车品牌中的成功应用，让曹德旺更加坚信产业链整合发展的优势。他表示，公司发展铝饰条产业，属于原有玻璃产业的延伸，是为了完善和提升服务能力，和玻璃产品是一个销售系统。

2019年，福耀玻璃斥资5882.76万欧元收购德国企业SAM，实现铝饰件下游延伸。SAM掌握铝饰条表面处理的核心工艺，其自主研发的铝涂层保护ALUCERAM工艺全球领先，是目前唯一获得奥迪和大众最高要求认可的镀层技术。随着与德国SAM整合完成，福耀玻璃全球化布局不断完善，并与汽车玻璃实现模块化出货，至此福耀完成了铝饰条全产业链的整合。

近些年来，新能源汽车时代的到来，让全球汽车行业的发展迎来了新的高峰，同时也让以福耀玻璃为首的汽车零部件企业迎来了发展的黄金时代。而福耀更是顺势而为，投入巨资研发适用于新能源车型的汽车玻璃，充分考虑用户的舒适体验和能源车的玻璃厚度，降低了福耀玻璃的厚度，优化了玻璃的功效和安全性，大大提升了服务质量，让汽车用户对福耀玻璃的满意度提高，而铝制品产业链的加入更是从产品延伸和可替代性上极大地提高了福耀

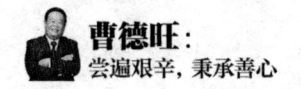

的竞争力。

虽然，技术革新和新产业的收购都让福耀承受了巨大的资金压力。但由外资汽车零部件供应商主导的局面却就此改变，能够不断开拓新的局面，提高效率和利润。可以说，福耀玻璃无疑是自主品牌崛起的一个典范，也是值得众多国内汽车零部件供应商学习的榜样。

技术革新，研发投入很重要

曹德旺认为核心技术才是企业的核心竞争力，这种东西买不来也偷不来，想要发展只能靠自主砸钱搞研发，"没有核心科技的企业是走不远的。"

那如果企业想要持续未来发展怎么办？其实没有别的办法，只能靠自己。曹德旺说："我们还是要靠自己的力量进行自主创新，形成强大的工业体系，这需要花很多的时间、需要投入大量的资金成本去研发，但恐怕我们也没有更好的办法了。"

曹德旺这么说的，也是这样做的。为保持核心技术优势，福耀不断加大研发投入，研发投入从2010年的1.55亿元不断增长至2019年的8.13亿元，CAGR达20.21%。

从同行业横向对比来看，福耀的研发投入也是高于行业内竞争对手，2014年开始，福耀的研发费用率一直高于3.80%，2019年研发费用率达3.85%，高于旭硝子的3.13%、远高于板硝子的1.53%和

曹德旺：
尝遍艰辛，秉承善心

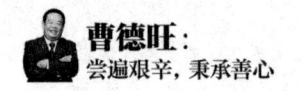

圣戈班的1.09%。

持续的创新离不开"肥沃的土壤"。"随着中国汽车业的高速发展，国内中、高等轿车和客车对技术和安全要求逐渐提高，汽车零部件的技术含量日益增加，必须不断研发特殊的技术和工艺。"福耀的工作人员表示。因此，福耀在这么长的一段时间持续不断地提升自主创新能力，加强研发项目管理，建立市场化研发机制。并以产品中心直接对接主机厂需求，与客户建立战略合作伙伴关系。2019年，公司浮法项目组攻克灰玻技术难题，成功研发薄板系列产品，实现汽车玻璃深灰膜产品的自供替代，大幅降低采购成本；公司自主研发超薄钢化后挡汽车玻璃，增强集团钢化产品市场竞争力。

除去一些生产线核心技术，福耀近些年来也在不断拓展"一片玻璃"的边界，加强了对玻璃智能集成趋势的研究，不断推出多种智能型汽车玻璃技术产品，为客户提供更多面向未来的汽车视窗解决方案。

作为汽车玻璃行业内的创新代表，技术创新并不是福耀最大的研发投入，福耀在研发方面的最大投入是研发人员。福耀集团聚集了研发人员3000多人，形成了一套自主创新研发体系，搭建了"玻璃工程研究院+海内外设计中心+科研工作站"多层全球化协同创新平台。

除了专业的研发人员，福耀并没有忽略集团2万多名员工的智慧。在福耀，研发创新不仅仅是专家的事，而是每一名员工的事，公司倡导全员创新，让"从生产中来，到生产中去"，实现真正的落地。为了鼓励全员创新，福耀每年斥巨资奖励创新个人和团队。2008年设立以来，福耀创新奖已经挖掘上万个创新项目，其中50%来自一线员工。

2016年，福耀更是投入数百万元，设立董事长奖、总裁奖、最佳工匠等十余个创新奖项，让每一个福耀人都可以从创新中获得荣誉，得到收获。

直至今日，作为中国汽车玻璃的龙头企业，福耀集团技术中心总建筑面积近万平方米，共有汽车玻璃研究所、建筑玻璃研究所、浮法玻璃研究所、先进技术研究所、CAE/CAM应用开发部、技术情报与专利部、检验与实验中心、规划与项目管理部、设备技术研究所、模具检具研发中心等10个分支机构。2010年7月福耀集团入选第二批全国企事业知识产权示范创建单位；2012年被工业和信息化部、财政部联合授予"2012年国家技术创新示范企业"。目前，福耀集团申请专利超过500项，利用率达到80%，为未来智能化汽车玻璃走入寻常百姓家奠定了坚实基础。2012年，国务院授予福耀集团"汽车玻璃深加工的关键制造技术及应用"项目为国家技术发明二等奖。

对于曹德旺有关"核心技术"的说法，在2015年曹德旺的福耀玻璃上市的时候，就大手笔投资福耀1亿美元的高瓴张磊曾明确地表示了赞同。张磊表示："中国的创新如果只靠商业模式的创新，总有一天会走到头。"

曹德旺：
尝遍艰辛，秉承善心

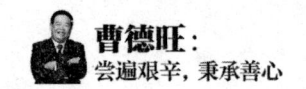

和曹德旺的大力推进技术革新、研发投入一样，张磊的高瓴，作为一家坚持长期主义的投资机构，也致力于帮助孵化、连接并转化基础研究和原始创新的成果，将科技进步、创业创新和价值投资连接起来，成为推动社会进步的基础力量。这对于传统的中国实业企业来讲，发展据点落实在核心技术上，确实是投资的最好选择。可以说，只有核心技术的发展才能让中国企业真正地走上全球化的市场，创造长期的企业价值。

第七章

义胜欲，企业家的道义非常重要

曹德旺办公室里，悬挂了一副对联，内容很简练，只有短短的12个字："敬胜怠义胜欲，知其雄守其雌。"义胜欲就是正道战胜欲望。曹德旺给自己定下这条人生法则，就是在告诫自己，人生来都是有欲望的，关键是要懂得自控、懂得克制。用正道之义战胜贪淫邪欲，于天地之间，则身正影不斜。

曹德旺：
尝遍艰辛，秉承善心

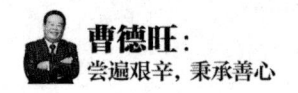

奇耻大辱下的以德报怨

福耀作为中国企业中成功布局全球化市场的代表，曹德旺一直是众人眼中非常具有前瞻性和市场敏锐度的企业家，但即使是这样的一人，在中外合资的事情上踩过雷，上过当。

20世纪90年代，随着改革开放的步伐加快，国内的投资环境出现了一个大的趋势：国外市场纷纷到中国来投资建厂，或者合资做品牌，当时国内中外合资的公司如雨后春笋般涌现在各个经济发展区。当时市场占有率很高的天府可乐和百事可乐合资了，通信行业知名的东方通信和摩托罗拉合资了，居化妆品行业之首的霞飞与上海家化合资了……

身处这样的一个时代的曹德旺看到了合资的优势：机制改革，资金输出，政策鼓励。一向能嗅到商机的曹德旺彻底动心了。而最终让曹德旺决定迈出这一步的是：福耀迎来了重组的危机。随着福耀越做越大，曹德旺深深感到福耀碰到了一个致命的发展瓶颈——

管理问题。对于此时的曹德旺来讲，福耀想要继续发展就必须提高公司内的整体管理水平，但最现实也是最让他心焦的是，一个乡镇企业很难跳出思维陷阱，进而完整地接受一套现代化的企业管理流程和先进机制。

正当曹德旺心急如焚的时候，他接到福建省政府办公厅的电话，希望他向来访的法国圣戈班国际开发部副总裁皮尔·戴高介绍全省汽车玻璃生产的情况。圣戈班是一家专注于建筑、交通、基础设施和工业应用等方面材料研发、制造与销售的国际化公司，怀着"取经"之心，曹德旺面见了圣戈班的副总裁皮尔·戴高。

当时，圣戈班正谋划大举进军中国市场，希望以合资方式实现中国之旅的"软着陆"。

首次接洽，皮尔·戴高不承想过居然会在福建遇到这样一个懂行的人，便提出想要入股福耀。圣戈班是全球汽车玻璃巨头，如果合资成功，不但能解了曹德旺和福耀此刻的管理难题，而且还可以向这位"大哥大"学到更多的东西，很有可能福耀都能借此机会有一次腾飞的机会，直接与世界接轨。

因此，双方企业可以说是一拍即合，所以合资谈判的一切过程都非常顺利，最终圣戈班以1500万美元收购了福耀玻璃42%的股份。1996年初，福耀玻璃收到法国圣戈班交易款，合资公司取名万达汽车玻璃。双方合作由此开始。

当然曹德旺还是最大的股东，也就是说虽然圣戈班拿走了42%的股权，但公司还是掌握在曹德旺的手中，只不过就是圣戈班派来

曹德旺：
尝遍艰辛，秉承善心

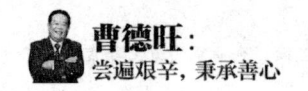

了两位总监到福耀集团驻扎。

对于之后的合作，曹德旺更是充满了憧憬。在他看来，福耀集团必须学会与狼共舞，与圣戈班合作，能够帮助福耀集团进行国际化，进军海外市场。然而，很快，曹德旺就意识到这只是自己的一厢情愿。

直到1999年，圣戈班与福耀3年的合作时间里，曹德旺向圣戈班传达的中文、英文、法文报告摞起来有50厘米高，却没有一份获得批准，曹德旺甚至都不知道法国方面是谁在负责管理。这时候的他才幡然醒悟，在全球有300余家合资公司的圣戈班并不是真心想帮助福耀发展，福耀只是他们进军中国市场的一枚棋子，他们想要的只是让他们的产品能够更顺利地进入中国市场。

想清楚后的曹德旺来了一招"釜底抽薪"，他辞去合资公司的一切职务，自己独资投资2亿元，建100万套夹层玻璃厂，公司取名绿榕玻璃。这一举动彻底让圣戈班总裁慌掉了，他赶紧找到曹德旺表明自己的态度，曹德旺已经看明白了对方的套路，自然也就不在乎他们的想法，直接表明现在福耀已经亏损了，如果你愿意的话可以把剩下的股份也买走，当然圣戈班自然不会想买已经亏损的福耀，并且表示希望曹德旺能够用原价回购其股份。

为了不让自己辛辛苦苦创办的公司继续遭受碾压，曹德旺深思熟虑后也提出一个条件：只要圣戈班保证5年之内不以任何形式进入中国市场，他可以回购。不愿意把福耀的股份砸在手里的总裁非常高兴地同意了。至此，福耀又回到了曹德旺手中。

对于这场持续了三年的"同床异梦",曾直言自己是为外国老板打了三年短工,但他从不否认也是这三年的合作让他和福耀学会了怎样成为一个典范合格的汽车玻璃供应商。

福耀在管理和技术层面上从圣戈班学习到了很多,福耀的员工可以到法国的生产线上接受培训,万达玻璃的设计思路、生产流程、工艺线路很多都是直接参考了圣戈班提供的蓝本,从原材料进场到产品出厂的所有岗位也都是按照国际标准来的。就连对福耀的建设和改造也是按照国际制造业先进的管理模式来进行的,甚至可以说,福耀真正意义上的技术突破,是从这个合作开始的。

虽然此次合作失败了,但福耀玻璃很快就迈入了腾飞发展的快车道,开始了全球化运作,之后集团利润更是连年增长。到2008年,福耀已成为中国玻璃的代名词,当时福耀的股票已经升到38元,4亿的股票市值也已经升值到了10亿美元。

后来,圣戈班违约,通过收购韩国公司提前1年入驻中国,许多人都建议曹德旺起诉圣戈班,老曹却说,都是同行,没必要互相排挤。曹德旺的大度也令圣戈班很受感动。

"天行健,君子以自强不息;地势坤,君子以厚德载物。"对于曹德旺来讲,只有不断增强自我的美德,才能达到承载万物万事的境界。对待曾经"坑"过自己的合作伙伴,曹德旺选择了以德报怨,而非不死不休,也正是这份企业道义才赢得了对方的尊敬,从而让福耀的发展之路越走越宽。

曹德旺：
尝遍艰辛，秉承善心

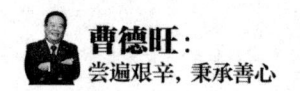

赢在尊重供应商

近些年来，在新能源汽车浪潮的推动下，身为汽车玻璃行业龙头的福耀玻璃股价大涨，从疫情前的20块股价，到2021年50块左右，暴涨了200%左右，而福耀玻璃创始人曹德旺本人的身价也从160亿飙升到了近400亿。

福耀玻璃从一个乡镇作坊，到如今全球汽车玻璃行业市占率第一的企业，深扒福耀玻璃的营运财务报表，大家就会发现一个非常有趣的现象，作为汽车玻璃全球龙头企业，福耀玻璃的上下游议价能力似乎不是很强，我们可以看到无论客户账期如何变化，福耀对供应商的账期一直控制在65天左右，并没有根据客户账期发生变化。

曹德旺向来注重与和合作伙伴、经销商之间的道义，在他看来供应商与公司永远是共生共赢的关系，都是一家人，只是分工不同，谁也不要自毁长城，更不要见死不救。自己赚钱，供应商也要赚钱，不能为了压低成本而不断砍价。当供应商遇到困难时，自己理解并帮助，这不只是向别人伸出援手，更是为自己留一条后路。在福耀玻璃的合作中，曹德旺始终坚持一个原则：不仅自己要赚钱，而且还要让别人赚到钱。

从中国传统的"义利兼济"出发，曹德旺始终秉持着敬天爱人，以人为本的经营理念，尊重包括供应商在内的所有的合作伙伴，才让福耀从一个乡镇作坊，成长到如今全球汽车玻璃行业市占率第一的企业，市场占有率超过25%，特斯拉、大众、奔驰、比亚迪、理想小鹏等新老车企都是福耀的客户。在福耀发展的四十余年里，离不开供应商伙伴的一路同行。

曹德旺始终把共同获利放在合作的第一位。正是因为对供应商的尊重，对他人付出的认可，所以福耀集团才能同等地得到合作伙伴的尊重和长久合作。

与福耀合作，都得遵守两条不成文的规定：一、福耀对外做生意，必须及时付款，不允许拖沓；二、和福耀做生意，一定要赚，虽然不多，但总归是有。而曹德旺也正是秉承着双方平等，相互尊重，不欺诈不耍滑的理念，将福耀玻璃推到了世界的舞台上。

曹德旺最难得的是对产业链生态共生共荣的理解。能够平等地对待每一客户和供应商，能够在危难之际伸出援手，是众多供应商愿意和福耀玻璃多年携手共进的最大原因。这是福耀的优势，也是福耀未来最宝贵的资源。

1997年春，亚洲发生因泰铢贬值崩盘，东南亚发生金融危机，

曹德旺：
尝遍艰辛，秉承善心

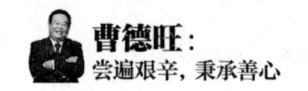

印度尼西亚情况最为严重，很多企业破产，波及福耀玻璃的上游浮法玻璃供应商印尼的ASAHI公司。当时汇市和股市一路狂泻，一蹶不振，印尼盾几乎崩盘。对方日本公司的总经理前来求助，曹德旺亲自请他吃饭并表示从当月开始，每个月都买ASAHI公司一半的玻璃，约4000吨，等于当时福耀玻璃用量的80%～90%全部按当时中国市场价，来帮助他们度过危机。

其实，在当时无论是供应商本人还是福耀内部的管理层都不理解为何曹德旺不选择趁机压价，玻璃销不出去就发霉了，供应商肯定会选择低价售卖的。曹德旺解释说，从产业链的理论上讲，上下游企业，是有买卖关系，但也是分工不同，绝对不是各自孤立地存在的。要想让福耀公司健康发展，不仅需要我们自己的产品卖得好，更需要我们产品供应商的发展。

当时印尼只是货币崩盘，印尼的企业交易都用美元，但美元有限，所以买卖难做。而企业本身是没有问题的，生产的玻璃也很好。另一方面，福耀还无法生产浮法玻璃，中国只有两家企业供货，福耀也需要一家稳定的供应商。

随后，2008年，经济回暖，浮法玻璃又开始供不应求，有时今天谈好的价格，隔夜就上涨了，即使有合同也拿不到货。那段时间，福耀幸好有该印尼浮法公司每月一艘船的保证供货，而且始终没有涨价。一直到一年后，玻璃价格几乎翻了一番了，福耀才收到该公司的通知，直说抱歉，不好意思要涨价了。

曹德旺立马答应了，"早就该涨价了，真的很感谢。"ASAHI

的感恩回报，让曹德旺得以在金融风暴刚结束的关键时期，战胜了众多竞争对手脱颖而出。福耀玻璃这场胜仗的背后代表的不仅仅是曹德旺的江湖大义，更是他对产业链生态共生共荣的理解，尊重供应商才能赢得供应商。

这样的例子还有很多。比如曹德旺通过自己的人际关系，不仅解决了自己工厂所需要的玻璃指标，就连其他单位甚至政府相关部门的，也顺带着帮忙解决了，后来曹德旺遇到资金困难也得到了政府的帮助。

而在此后几十年的发展之路上，曹德旺的上下游企业，甚至包括福特这样的巨头，都曾遭遇过很多次危机，有些甚至会在好几年内都无法回血恢复，但曹德旺始终抱着扶持国内企业、提升国家综合能力的家国情怀，与供应商一同成长的原则，能帮则帮。

曹德旺：
尝遍艰辛，秉承善心

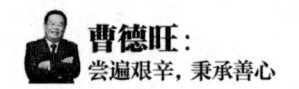

与人为善，仁义为本

福耀在曹德旺的领导下，正在朝着全球汽车玻璃行业的头把交椅积极奋进。作为一家跨国实业公司的创始人，曹德旺可以说是福耀的精神内核。很多熟悉曹德旺的人都知道，他性格爽快，脾气火暴，从不肯拐弯抹角，但也就是这样的他，总是能真诚待人，纵然遭遇白眼狼，以怨报德也无怨无悔。

在曹德旺看来，他所做的善事，吃亏是正常的，做事情要看想要的目的是什么，目的达到了，其他的也就不重要了。从某种意义上来讲，这就是曹德旺的行事法则和商业智慧，是福耀能够赢得人心，实现长远发展的原生动力。这是一种柔性的力量，是曹德旺让更多的人相信，这样的曹德旺所建立起来的福耀是值得信赖的。曹德旺的慈善之心，在潜移默化中成就了福耀的口碑和信任力。

在他看来，慈善是一种修行，而人在修行的过程中吃点亏是很正常的事情。如果因为担心"好人会吃亏"就放弃慈善之心，那是本末倒置的。曹德旺曾说："仁义为本"是福耀的企业文化。企业是人做的，在所有的企业要素中，人是最关键的，坚持人本主义文化理念是企业成败兴衰的关键所在。

在曹德旺看来，慈善远远不是大把地捐款，慈善更是一种人生的态度，是一种修行。他认为做慈善不一定跟钱挂在一起，慈善，它是首先慈悲，然后再慈善。他曾说"什么叫善举呢？我以前没有捐款也在做善举。我认为语言美，行为美，这就是最美的善举。"

而在与人善心这件事情上，不仅对自己的员工是这样，纵然是面对陌生人，曹德旺始终能够以豁达的心态去完成这场修行。

曹德旺：尝遍艰辛，秉承善心

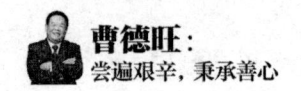

市场需要，奋进中扩张

2000年伊始，福耀的玻璃开始了国内市场的扩张，长春是第一站，随后上海、重庆、北京、湖北、广州、郑州……先后有了福耀玻璃的踪迹。

当时，福耀集团构建辐射全国性大市场的格局是有其战略意义的。其形成的北至长春，南有福清，西至重庆的辐射全国的产销网络体系，市场格局是符合福耀整体战略的。福耀的经营理念是"我们正在为汽车玻璃专业供应商树立典范"，现在把工厂开到用户的家门口，为用户提供最完善的服务就是实践着这样一个经营理念。

福耀的下一个工厂要建在哪里？

随着中国汽车工业发展各种利好政策以及美国经营政策的调整，给福耀万达和绿榕带来了迅速发展的机会。2000年的时候，福耀万达和绿榕两个工厂的业务都吃饱了。曹德旺相信，借着这股东风，未来中国的汽车工业将迎来飞跃式的发展。摸准市场脉搏的曹德旺，于是开始布局起福耀玻璃的未来版图。

上海？长春？广州？北京？重庆？

正在曹德旺犹豫不决的时候，长春市领导的到来，让曹德旺发现了适合福耀发展的一片新天地——长春。

2000年9月6日，福建厦门举行第二届"98国际贸易洽谈会"，政府人员前来参会，顺道到福耀考察。当时，福耀已经是中国一汽集团的主要供货商。书记因此了解到这家公司，参观之后，长春市领导对福耀玻璃的生产和管理水平赞不绝口，并盛邀曹德旺到长春投资建厂。正愁不知该往何处扩张疆域的曹德旺很高兴地接受了邀约。

在曹德旺看来，产品的销售中，包装和运输大约会占到生产成本的20%左右，如果能将工厂建立在客户工厂附近，就会节约大量的生产成本，同时还可以及时地为客户提供更优质的产品。

国庆后，曹德旺如约来到了长春，最终选定了经济开发区一块大约200亩的地，同时在这块儿地的旁边还另有大约200亩可以扩张。曹德旺一向雷厉风行，这次也是马上提出希望能够尽快动工。

市领导在高兴的同时表情又有些犹豫，说道，"这块地儿现在就在我们手上，随时可以动工，但是还有大概一个半月的时间，这里就会变成冻土，那时候就没办法施工了。"

这可难不倒曹德旺。他的团队，很快就让长春人见识到了什么叫"长春速度"。就这样，10月4日，曹德旺再次抵达长春，6日确定地块，10日破土动工。曹德旺和公司的副总何世猛出席了奠基仪

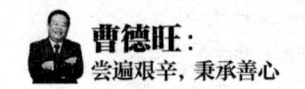

式。工程队的工人三班倒，昼夜不停地施工。福耀厂房的开工，创了中国的纪录。福耀厂房的基础工程，最终在工程人员和政府各方的大力支持下，在短短50天时间里顺利完成，创下了长春开发区建设"第一速度"的纪录。

这速度是怎么创出来的？严寒的冬天，这速度是怎么创出来的？严寒的冬天，一群南方人，没有宿舍，没有暖气，没有平坦宽阔的水泥路，没有出租车，没有工作餐，一块木板搭起一张饭桌，小商小贩送来的饭菜，三元一份，你一盒我一盒，老总、经理、员工挤挤挨挨在长条桌前坐着，三扒两扒，快速吃完。什么时候设备到公司，卸货、安装就开始。我们都知道，严寒的冬季，北方人基本是"藏"的。但那一个冬季，福耀的南方人，硬是顶着刺骨的寒风，在冻土上作业，从冬到春，他们的工作作风感动了当地政府：原来你们南方人是这样干活的！

经过曹德旺和福耀员工艰苦卓绝的努力，福耀玻璃投资2亿元人民币建设的福耀集团长春有限公司一期工程正式竣工投产。该工程占地面积178亩，建设规模为年产60万辆套汽车玻璃、5万片大巴玻璃。也是从长春公司开始，福耀有了自己制造的国产化的汽车玻璃生产设备。长春的生产设备，40%是国外引进的，60%是自己制造的。

当时没有厂房，这60%的设备又是怎么制造出来的？其实是租的。当时的福耀还没有生产设备的地方，就租了拖拉机厂的一个车间。就是在这个车间里，福耀的工程技术人员，经过7个月的攻关，研制成功了国内第一台国产化VPL设备。这是福耀的工程技术人员自行设计、自行研制的。

也就是从长春以后，福耀的每一个新工厂，都更多地采用了自己制造的设备。这也是为什么，福耀能够将一个一个贴近客户的生产线，快速地在全国复制的原因。

长春一投产，就吃饱了。以陇海线为界，东北、华北两个片区的汽车厂成为长春公司的最大客户，一汽大众、一汽轿车、一汽解放、沈阳华晨金杯、哈飞汽车、保定长城、郑州宇通、北京现代、天津一汽丰田等十几家客户的订单逐步收入囊中。2002年4月，在对长春公司进行工作视察后，曹德旺根据市场需求及目前生产状况作出启动长春公司二期工程的决定。二期建成后，长春公司的产能翻了几番，形成年产300万辆轿车玻璃、5万片大巴玻璃及30万片货车挡风玻璃规模。

有了长春公司的前期探索和实践，福耀集团成为中国汽车安全玻璃龙头的脚步开始大步向前。如今，福耀工厂遍布世界各地，但福耀人的雷厉风行、艰苦卓绝的工作作风始终都没有变。

曹德旺一直以来都在将福耀推向更大的舞台，助力中国汽车工业的发展。纵观世界汽车工业的发展，我国汽车工业仍有很长的路要走，在曹德旺心里，虽然福耀目前在汽车玻璃配件商行业里是最大的，但福耀还需要努力发展，才能鼎力协助中国汽车工业迎接国际挑战，这才是构建全国性的大市场格局的目的。

曹德旺：
尝遍艰辛，秉承善心

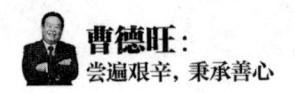

西南扩张中的铁肩道义

　　有了长春公司的实践和探索，福耀玻璃向西南地区扩张的步伐开始加速。福耀玻璃大名在外，先后谈成了对重庆万安玻璃厂的收购以及和十八冶玻璃厂的合作，尤其是十八冶玻璃厂的合作，在福耀的员工甚至是很多外人看来，这是一个非常多余的合作，甚至是吃亏的，但曹德旺还是用更长久的发展说服了公司管理层。

　　曹德旺西南扩张的第一站是重庆。2003年的一天，当时曹德旺正在办公室忙着上海分公司建厂事宜，重庆万盛区的一位副区长带着万安玻璃厂的厂长张崇林来福建拜访。想着重庆建厂在福耀的五年计划中，曹德旺很快就同意了这次见面。

　　厂长张崇林原来是学校的老师，改制后与几个股东一起承包了万安玻璃厂后转行当了厂长。当天他们跟曹德旺见面后便开门见山地表达了自己的来意：万安玻璃厂是长安汽车厂的服务商，在西南地区还是有一定市场的，但为了能将万安厂发展得更好，他们希望能够邀请曹德旺去万安看看，希望福耀收购万安，入股也行。而同来的副区长孙瑞彬更加客气地补充道："我们区姜平书记特意去市政府求得一信，派我专程来请您去考察。正如崇林讲的，不管是独资或合资，区里都会支持。"

曹德旺看到了万安厂厂长的诚意，更是感动于区长领导的支持和信任，便表示自己当下时间紧张，但他愿意去重庆考察。

半个月后，曹德旺如约来到了重庆，对万安玻璃厂进行考察。他发现，万安玻璃厂其实跟当年的高山玻璃厂规模相差不大，如果只是买下这个工厂基本没什么价值，还好万安厂旁边还有一块约100亩左右农地。当天下午，曹德旺和厂长一行人就选址万盛收购的事宜进行了讨论，经过一个下午磋商，就决定以与万安合资方式将企业落户万盛，主要理由是：

1.福耀如果决定在重庆建厂，不得不重点考虑长安汽车厂的关系，万安玻璃原设计就是为长安服务的；

2.万盛区干部、人民都很厚道，特别是姜平书记、程真祥区长都非常难得，自古有未求财先求伴之说；

3.万安厂紧靠城市边，职工生活工作十分方便，加上区里对我们提出的要求不打任何折扣。

曹德旺的行事一向干脆果决，在确认可行性后当天便决定以合资的方式将企业落户万盛，并签订了两份合同，一份是参股万安75%股权，第二份是向万盛征地100亩。

收购万安玻璃厂一事，就这样尘埃落定。

曹德旺：
尝遍艰辛，秉承善心

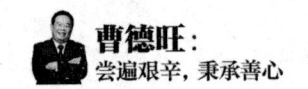

而此时，重庆十八冶玻璃厂厂长得知曹德旺和万安合作一事后，马上找到了曹德旺。十八冶玻璃厂是国有企业，有百十号工人。此前，十八冶玻璃厂已经通过全员集资，建起了玻璃生产流水线，他们同样希望能与福耀合作。

任何一个清醒的商人都知道，没有一家企业会同时在一个城市的两个工厂同步扩张，这样不仅浪费资源，而且还会造成竞争。纵然很难对对方说出拒绝的话，曹德旺心里还是很清楚，十八冶玻璃厂是最终无法与万安玻璃厂并存的。深思熟虑之后，曹德旺提出了一个建议：由他本人出钱买下十八冶的玻璃厂将其拆除，玻璃厂的工人并到万安玻璃厂去工作。

这对曹德旺来讲，实在算不上一件有益的事情，而他之所以这样做，完全是站在十八冶玻璃厂的角度出发思考出来的办法。正如曹德旺对十八冶玻璃厂厂长所说的一样，"从我个人的角度，我个人拿钱把你这个工厂买了，你们把钱还给工人。""万盛的玻璃厂按福耀的思路建厂后，你们肯定不是我们的对手，没几天就倒掉了。你们辛辛苦苦的钱没了，要骂我的。考虑到你们工人的辛苦钱，不会因为我的到来而受损，我可以用一个合理的价格买下你们的工厂。"

说到真的要将工厂合并，厂长还是表现出了不舍的意愿，并向曹德旺提议可以跟万安玻璃厂合资，但这对曹德旺和福耀来讲可不是一个好主意。在当时，十八冶玻璃厂的优势较之万安并不突出，因此曹德旺完全没有必要上面建一个厂，下面再建一个厂，让自己的两个厂来回竞争。

最终，十八冶玻璃厂还是同意了曹德旺的方案，回去很快就安排了相关事宜：原十八冶玻璃厂的工人，凡愿意去万盛上班的就安排进万盛，不愿意去的就拿回当年集资的钱和转业安置费用，离开工厂。

福耀玻璃的步履不停，在奋进中不断扩张。截至2023年，福耀已经在中国的16个省市，以及美国、俄罗斯、德国、日本、韩国等等11个国家和地区建立了现代化生产基地，6个浮法玻璃生产基地和6个玻璃设计中心，向70个国家出口产品，并始终保持持续增长的优势。

而这一切，在曹德旺带领福耀腾飞的过程中，除了一如既往的经商头脑，更彰显他铁肩担道义的心态和格局，是他过去四十多年创业智慧的又一次升华。

曹德旺：
尝遍艰辛，秉承善心

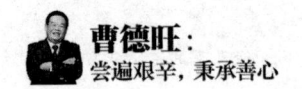

把竞争对手变成朋友

2002年，是中国加入世贸组织的第二年，不但福耀在海外生意喜人，很多中国企业的产品涌向世界各地。在美国，随时可以看到中国货，从篮球、袜子、玩具、家具、自行车以及钢琴等等，几乎无所不包。当然，这些中国制造也包括福耀汽车玻璃。那时，福耀玻璃在海外市场上很受欢迎，美国商务部应PPG等同行业几家公司的申请，开始对福耀玻璃进行倾销调查。

曹德旺对这起反倾销案印象深刻，因为是最终的胜诉方，他谈起事情经过的表情都带着骄傲"当时三家企业联合告我反倾销，我很冷静地告诉他们，中国其他企业我不知道，但是起码我的数据还在这里，我卖的价格比你高。那你死在哪里？死在你的制度太僵化，你原来厂商是一级供应商，还有批发商二级，还有三级、四级。我是这样做的，我跳过你二级供应商，直接卖到中小客户，我批发的才卖三十几块，你通过二级批发的渠道走，他们要五十几块。那么你厂里头才卖二十几块，我卖三十几块，比你二十几块还高，有什么好告呢？就是我用的方法跟你不一样而已，价格比你高。于是我打赢了这场官司。"

据曹德旺称，原本的原告，也就是两家美国同行，后来都成了很好的朋友，"这两家后来自己关闭他的工厂以后，现在都是用福耀给他供货，都是大客户。"

而更让曹德旺意外的惊喜是，这场官司堪称"国际广告"，为福耀久攻不下的欧洲市场辟开一条路径，在日本、俄罗斯、澳洲的市场份额也迅速扩张至7%、10%、30%。

贸易市场的扩大是加法，资本市场的扩大则是乘法。反倾销胜诉为福耀玻璃带来了国际公司的待遇，在美国花旗银行、法国里昂银行、日本三菱银行，曹德旺都可以获得无须担保的贷款。在国内收紧银根的情况下，这对福耀来说是雪中送炭。

除此之外，曹德旺也非常正视市场竞争的存在。

1996年国际汽车玻璃龙头法国圣戈班和中国福耀合资3000万美元成立万达汽车玻璃有限公司。但好景不长，在一次又一次的执行建议被驳回之后，曹德旺很快反应过来，圣戈班入股福耀的真实目的是将福耀变成自己的一个子公司，并且不让其掌握任何实权。而他们收购福耀的目的也只是想要牵制福耀、遏制福耀的发展，这样一来，圣戈班自己才能逐渐壮大。

曹德旺：
尝遍艰辛，秉承善心

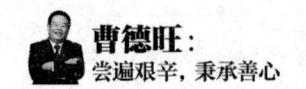

　　1999年，看破了圣戈班借助福耀进入中国市场的企图心，曹德旺壮士扼腕，买断了所有圣戈班的股份，并且让圣戈班在2004年之前不得进入中国市场，将福耀在中国市场中最大的竞争对手排除出去。

　　虽然此次与同行的合作并没有让曹德旺感受到愉快，但他在接受外界采访时一致表明：

　　三年的合作期内，福耀的员工接受了圣戈班公司的生产再培训，而这些培训无论从生产设计还是工艺技术上让福耀的员工登上了新的台阶。并且他还学习了能够让福耀成为世界上一流汽车工业供应商的先进的管理模式和实际经验。

　　2020年，在接受媒体专访时，曹德旺表示：圣戈班是当时全球的大公司，像福耀玻璃现在一样。当初进中国，是因为大众汽车、奥迪汽车进中国，圣戈班是供应商要跟进来。商场如战场，驱使圣戈班与福耀合作的是巨大的市场利益，在曹德旺看来，这是市场竞争中非常合理的存在。2003年，圣戈班违背了当年和福耀签订的不竞争协议，通过收购韩国企业再次进入中国市场，当时很多人都建议曹德旺提起诉讼，但曹德旺风淡云轻地表示，算了，都是同行。

　　作为一名企业家，曹德旺不仅看得远还非常有全局观念，他深知一家企业如果没有了竞争对手，那么必然经营不久，问题横生。中国有句古话，叫作"生于忧患而死于安乐"，只有在竞争环境下，企业才会进步。

而且,"高处不胜寒",只有竞争力相配的竞争对手之间才是互相了解的或者说相互理解的,因为大家经历过很多相同的事情,有很多相同的感受,可以相互学习、相互促进。这或许也是曹德旺能够放过圣戈班的原因吧。

曹德旺：
尝遍艰辛，秉承善心

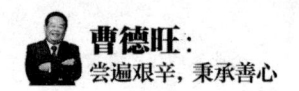

坚持与合作伙伴共赢

在2020年8月的中国汽车蓝皮书论坛现场，曹德旺作为世界第一大汽车玻璃制造商的掌舵人，在众多的车企负责人面前，就当下全球经济萎靡情况下的行业发展模式陈述了自己的想法。他认为，全球经济仍然处在"一荣俱荣，一损俱损"的局面，在这种情况下制造企业间更要学会在困境中寻求"合作共赢"。

曹德旺始终坚持合作共赢的法则。在他看来，无论是面对上下游产业链企业，还是国际同行企业，我们都应该以"休戚与共、共同盈利"的初心来对待彼此之间的合作。

供应链上的企业，无论是上游还是下游，都不能孤立地存在。曹德旺表示，如果真的想要福耀公司继续壮大，不仅仅福耀自己的产品质量要过硬、服务要到位，而且还需要有健康、成熟的上下游企业共同组成一个完善的供应链。

1998年，东南亚金融危机，这期间，福耀的一家日本的玻璃供应商ASAHI的生意受东南亚金融危机的影响，十分惨淡，一度在破产的边缘徘徊。供应商的日本总经销上门来求见曹德旺希望福耀能继续采购他们的玻璃，让他们能够顺利度过这次危机。

曹德旺当即就决定采购4000吨浮法玻璃，而且不压价，按照市场价来采购。对于一个7天后就会倒闭的公司来说，4000吨简直就是救命草，日本供货商的这位经理表示非常感激。当时，福耀内部的员工都非常不解曹德旺的做法，不明白曹德旺为什么不趁着金融危机压低价格，还继续用市场价采购。

曹德旺解释道：让ASAHI活下来，也是让福耀自己活下来。虽然因为金融危机，这家企业就要撑不下去了倒闭了，不过我们福耀用的原片玻璃，主要采购来源是国外，虽然国内有两家企业也能为咱们供货。但是如果这个时候这家公司倒闭了，咱们采购渠道少了，反过来找国内企业采购，国内两家企业就有可能联合涨价，而只有日本工厂正常出货，市场价格才能平稳，这样对咱们来说才是最有利的！

曹德旺的经营理念很简单，那就是上游的几个产业链是共存共荣的关系，大家是一根绳上的蚂蚱，不是说我要吃掉你或者你要吃掉我，不能相互算计。果不其然，等到金融危机过后，这家日本供应商就成为福耀玻璃的铁杆合作伙伴。

不仅是这位日本供应商，在曹德旺看来，做生意必须坚持一个原则：我不但我要赚钱，我也要让你赚钱。

福耀的产品初期主要是供应汽车维修市场，而让他迈向原厂

曹德旺：
尝遍艰辛，秉承善心

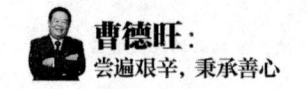

汽车玻璃一线供应商的，是一纸奥迪订单。当时奥迪汽车的玻璃，是业界公认标准最高的，美国的龙头企业花了10年没能拿下奥迪订单，只有曹德旺对这项合作势在必得。之后，曹德旺很快发现，奥迪汽车玻璃涉及了福耀之前没有接触过的包边技术。这是汽车玻璃加工领域的一项特殊技术，也是福耀在短时间内无法攻克的难题。

曹德旺找到德国在吉林投资的一家欧洲包边供应商，就这样强强联合的双方拥有了奥迪项目的最佳解决方案。于是两家公司联手，仅花不到一年时间就做出符合奥迪标准的玻璃，并成功取得奥迪的订单。

整个汽车行业的供应商空间是非常有限的，当你挤进去的时候，就占了别人的空间。但如果我们能够想办法缩小自己的位置，多让出一点时间给别人，就能有更多的空间，也就不会产生更多矛盾。

无论是上下游供应链的协同合作，还是同行之间的利益互惠，曹德旺认为，企业合作的前提都应该是利益坦诚。

20世纪90年代，福耀玻璃集团就曾与法国知名供应商圣戈班有过一段合作经历。他表示与法国圣戈班的合作与分手，是福耀发展中的一个重要里程碑。

虽然这次合作加速了福耀的国际化进程，但曹德旺却将其视为自己唯一的不成功案例。

"当时国内汽车工业还没有发展起来，福耀的玻璃想要出口到美国，但是当时圣戈班并不同意此出口方案。"他回忆表示，"从中方利益考虑，我们一直想卖到美国去，但是圣戈班在投资中国市场的时候，业务是对其他市场关闭的。"后来，圣戈班在战略上撤退主动退出福耀玻璃。"我把股权买回来，不但没有溢价，还签有不竞争协议，5年内圣戈班不再进入中国投资组建与福耀同类的工厂。"

但曹德旺认为此次合作也让他学习到了很多经验和教训，"合作要坦诚相见，最终目的是要变成利益共同体，从不同角度去维护合资企业各方面的利益。"中国有句古话"未学做事，先学做人"，曹德旺认为条件谈好之后，做人比做事更重要。

确实，任何一个能在商业上持续获得成功的企业，一定是一个非常善于和别人创造共赢的企业。因为只有彼此在合作过程中达到互利互惠，双方才会有较为稳定的能力和意愿，谋求更深的合作和更大的发展。

而当这种共赢达到一定程度后，双方必然会产生某种信任，这种信任就相当于在双方之间订立了某种隐性契约，必要的时候，能拉你一把的，绝对是信得过你的。同时，这种信任无疑也将成为各自良好信誉的最佳名片，对于双方来说，以后所能收获的，将会是更多的合作机会和合作伙伴。做企业如此，做人亦如此。

曹德旺：
尝遍艰辛，秉承善心

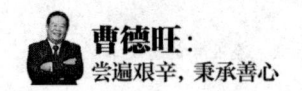

坚持奋战在第一线

2018年，是时代机遇风云变幻的一年。这一年，马云刚刚卸任阿里巴巴集团董事局主席，72岁的曹德旺入选"改革开放40年百名杰出民营企业家"，被邀请到了《开讲了》节目现场。

在现场很多人看来，曹德旺已经是中国"走出去"最成功的企业家代表。他从承包乡镇企业开始，开辟了公司治理的先河，又一步步进军海外，建立了全球最大的汽车玻璃企业。相较于其他的上场嘉宾，曹德旺在企业家之外又多了一重慈善家的身份，也更能让给处在人生梦想起点的同学们带来新的角度和思想。他少年艰苦，很小的时候就经历了从一个富家少爷到一个一无所有的穷光蛋的"魔幻"人生。回到家乡的曹家贫困到什么地步呢？小时候的曹德旺一天只能吃两顿饭，穿上身的衣服都是缝缝补补后勉强遮体。都说穷人家的孩子早当家，事实也的确如此，家境不允许曹德旺上学，早在16岁时曹德旺就跟着父亲四处做生意，虽然都没有赚到钱，他的前半生可以说过得都十分艰难。

在很多人看来，之前已经经历过那么多的坎坷了，如今又取得了这么大的成就，按理说，72的岁曹德旺早就应该回家享清福去了，为什么这么一大把年纪了还要努力工作呢？他赚的钱肯定也够他用了，为什么不退休呢？或许这个问题是众人疑问，所以就被当场问了出来。

曹德旺真诚回应："你看我还年轻、身体还健康，为什么要逼着我退休？"其实曹德旺已经73岁了，但是他认为自己还能拼一拼，还能继续工作。毋庸置疑，这就是真实的曹德旺。

对普通老百姓来讲，退休意味着颐养天年，意味着自己辛苦了大半辈子，终于可以好好休息了，可以说，有些人从他开始工作的那一天起就在想着退休，想着退休之后的安逸生活，为了退休之后的生活品质而工作赚钱。有很多人认为，那些富人，那些商界大佬都应该是赚了特别多的钱，然后退休颐养天年。

但是事实却恰恰相反，越有钱的人越不想退休，这些人中就包括曹德旺。

改革开放之初，当时的中国就像是汽车的万国博览会，一片汽车玻璃可以卖两三千块美金。当时的曹德旺心里很不甘，为什么中国人就不能自己生产汽车玻璃呢？他下定决心，要为中国人做一片属于自己的汽车玻璃而奋斗。抱着这个理想，他建立了福耀汽车玻璃公司。

在福耀公司这艘船越开越远，走向国际舞台的过程中，曹德旺

曹德旺：
尝遍艰辛，秉承善心

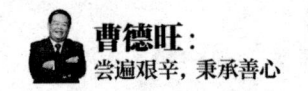

也一直在学习国外先进的生产技术和优秀的管理技巧，正是因为他的永不满足，福耀集团在不断进步，现在的福耀集团，已经是全国第一、全世界第二的汽车玻璃产商了。

几年前，有一次曹德旺与格力集团的董明珠同时被邀请参加活动，董明珠当众调侃曹德旺：曹总赚了那么多钱，可以休假了。曹德旺当场就回应她说："我们还没有退休，这倒不是为了钱，钱多了有什么好处呢，不过就是为了日子好过一些，那么我现在就应该去享受生活了，因为我已经近70岁了，等到70岁以后，完全可以留点时间自己享受。现在不退休不是为了赚钱，而是为了体验生活真正的意义。"

当时曹德旺听完之后说出来的话，获得了现场观众的一片掌声。那究竟什么才是曹德旺提到的"体验生活真正的意义"呢？或许我们从曹德旺后来的举动中窥得一二。

其实从前话中能够知道，曹德旺是有退休计划的，而在一次谈话中他也曾经透露过打算在2018年退休。然而，当时刚好发生了中美贸易摩擦，作为跟随国家改革开放一路走来过，具有深刻爱国主义情怀的老企业家，曹德旺决定延迟退休，他要接着为国家做贡献，他说国家培养出一个能作出贡献的企业家不容易，他还能接着回报国家。

曹德旺说，在他这个年纪，赚钱根本不是要想的事情，让所有国人用上一片便宜，且质量好的玻璃，是他最大的心愿和一直要做下去的事情。

所以，曹德旺作出了"把蜡烛烧完"的决定。在曹德旺心里，坚持在一线，不轻易退出，这是对福耀所有人的负责，也是对社会的奉献。

疫情时代，随着全球经济形势的变化以及智能化、个性化的车企消费者需求，曹德旺带领福耀开始了工业4.0模式的改革，持续推进福耀产品附加值的持续提升。

福耀玻璃员工表示，在汽车行业"新四化"提出来之前，公司就持续推动汽车玻璃朝"安全舒适、节能环保、造型美观、智能集成"方向发展，附加值高的产品比重在持续提升，高附加值产品包括了隔热、隔音、抬头显示、可调光、防紫外线、憎水、太阳能、总成化产品等。

2022年上半年高附加值产品营收占比达到42.35%，产品结构的优化使得公司上半年平均单价同比提升11.6%。"这个趋势会进一步加强，附加值高的产品比重会进一步提升。"比如说，已经有越来越多的车型开始应用镀膜热反射的全景天窗，以营造高科技感氛围，而全景天窗这一产品的玻璃面积是普通天窗玻璃的3倍多。

延展产业链下游，加码新业务，是曹德旺应对新局势的应对之道。

2019年2月，福耀玻璃通过向德国SAM的破产管理人收购的方式，完成了对德国SAM资产的收购。德国SAM是全球领先的汽车铝饰条专家，以生产铝饰条、铝行李架产品和提供铝表面处理技术为主营，客户以大众和奥迪为主，德国SAM在阳极氧化表面处理

曹德旺：尝遍艰辛，秉承善心

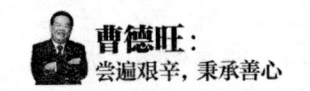

方面拥有100多项专利，其ALUCERAM技术是目前唯一获得大众和奥迪最高要求认可的镀层工艺。

关于铝饰件，曹德旺表示，福耀玻璃将利用德国SAM铝饰件的技术，更好地向汽车厂商提供集成化产品，提升产品附加值，同时进一步扩大公司汽车饰件规模，拓展汽车部件领域，更好地为汽车厂商提供优质产品和服务，增强与汽车厂商的合作黏性从而在中国布局工厂以达成联动发展。而在2020年，福耀玻璃就从工厂布局、设备更新、工艺流程、物流运输等方面进行整合，运营效率得以提高，并降低了德国SAM铝饰件的营运成本。

据悉，福耀公司通过完善铝饰件产业链，进一步强化了福耀汽车玻璃的集成化能力，同时为汽车厂和ARG用户提供更全面的产品解决方案和服务，拓展了福耀的发展空间。

"我要为中国做贡献，延迟退休。"这是有时代担当的企业家。很难相信这是从一个实业掌舵人嘴里说出来的话，但曹德旺说了，并且这样做了。

作为一名企业家，曹德旺笃定专一、扶贫救厄、乐善好施。在有能力回馈社会的时候，绝不含糊。2020年武汉的疫情，国内形势是艰难的。曹德旺率先捐款1亿元。后来，他觉得这还不够。他又拿出数千万元购买防疫物资。由于疫情的暴发，许多小微企业难以自立，生存更加困难。大批企业被迫关闭。曹德旺仍不遗余力地支持小微企业渡过难关，投入了大量实实在在的物资。他是中国最大的捐赠者。近年来，他的捐款已经达到近120亿。

2021年年底，曹德旺获得了"全国抗击新冠疫情民营经济先进个人"的荣誉。

除了企业家的身份，曹德旺还为自己准备了另一种人生事业。曹德旺表示，"企业的交接班已展开三年有余并取得良好效果，新一代的福耀人已展露出他们的活力。此时此刻，我清楚地意识到我应退出企业家舞台，去成就更有意义的事业。"

2022年5月，曹德旺开始筹备创建"福耀科技大学"。他在面对世人质疑时，公开表示，办学源于福耀全球化扩张和企业经营过程中的切身体会和观察。作为一名企业家，他知道在国内制造业的当下，企业出资办学有助于解决"学术、论文、成果与转换的脱节"，因此想办一所高水平应用研究型理工类大学，更好地推动中国教育事业的发展。

在曹德旺看来，教育是至关重要的，如果制造行业缺人，人才断层现象，企业之间挖墙脚的现象发生，那时候就是伤敌一千自损八百。会造成企业经营成本上升，提升至国家层面，高端制造业也将在后期受阻。权衡利弊下，曹德旺毅然资助兴建了这所大学，让中国科学研究更上一层楼，使我国制造业发展迈上新台阶，不因人才的缺乏而落后，也不希望企业之间有挖墙脚的现象发生。他希望自己能够把大学办下去，让学校成为学生学习的乐园，让学生们可以自由地选择未来职业方向和工作方式，让他们拥有更好的人生体验。

上善若水才能厚德载物。"我要为中国做贡献，延迟退休"，

曹德旺：
尝遍艰辛，秉承善心

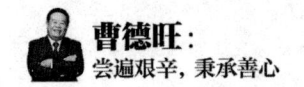

这是曹德旺的话。一个企业家心里始终有国家，为了家国情怀做企业，这个企业就能生生不息，具有顽强的生长力。曹德旺将自己作为"蜡烛"，为中国制造业发展奋斗一生，这才是无愧于国家的民族企业家！

第八章

见微知著,赢在未来

当企业进入稳定发展阶段,一切看起来一帆风顺之际,恰恰是需要敲响警钟的时候。作为企业掌舵人,需要时刻保持警惕,拥有危机意识和长远眼光,只有这样才能让企业在飞速发展的经济变革中跟上时代的步伐,从而立于不败之地。全球化的市场竞争下,福耀可以占据这样的市场份额、站稳"汽车玻璃一哥"脚跟,离不开曹德旺长存于心的危机意识和长远预见性。

曹德旺：
尝遍艰辛，秉承善心

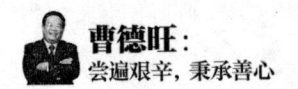

为自己定位

作为中国最大的汽车玻璃供应商，福耀集团的发展经历了"从稚嫩走向成熟，从多元发展走向专业，从地方走向全球的过程"。在福耀的发展历程中，"玻璃"始终是公司的核心业务和唯一产业。

不一则不专，不专则不能；专心以成事，专纯以建功。曹德旺深谙专注制胜的智慧，四十多年坚定只做一块玻璃的价值信念，在全世界9个国家开办工厂，在中国16个省都有福耀，国内市场占有率70%，全球市场占有率23%，给宾利、宝马、奔驰、奥迪等世界八大汽车厂供货。

其实，作为福耀玻璃的掌舵人曹德旺一度也曾经被"福耀未来是否要专注于玻璃行业"这一问题困扰过。20世纪90年代前期，成功上市的福耀除了汽车玻璃主业外，还涉足房地产、装修工程、证券等领域，在其横向扩张过程中，也遇到了很多难题。

那究竟是什么原因让曹德旺下定决心从多元化回归专业化,专心致志做玻璃,并最终成为中国最大的汽车玻璃制造商,助推中国在全球汽车玻璃行业的崛起?其实,在认真地了解过曹德旺这个人之后,就会发现颠覆性的自救背后是曹德旺极强的危机意识和警惕心。

曹德旺从不是一个骄傲自满的人,反而他经常会有很强的危机意识,还经常用比尔·盖茨的一句话"离破产只有18个月"来激励自己。在曹德旺看来,能颠覆福耀的就是福耀本身。如果没有风险意识,就会被别人所取代,所以要经常保持警惕心。

1990年,曹德旺第一次动起了上市的念头。在福建省政府的牵头下,福耀公司成为福建省第一批试点企业。次年,在省政府的评估下,福耀玻璃以1.5元每股的价格,正式向社会发行了1600万股股票。当时,中国资本市场方兴未艾,再加上曹德旺本人在商界良好的信誉和口碑,福耀的股价很快涨到2.5元。但好景不长,很快有人开始到处散布曹德旺要卷钱跑海外、福耀根本上不了市的谣言。事情愈演愈烈,要求退股的人越来越多。曹德旺深知即使向民众解释事实的真相也已经不重要了,于是便自掏腰包以个人名义回购了400万股。

但曹德旺始终没有放弃上市的计划。1993年6月10日,重整旗鼓的福耀再次回到上海证券交易所。这次,福耀股票登陆A股,上市股价为44.44元,曹德旺手上的股票翻了二十多倍,净赚几个亿。

曹德旺：
尝遍艰辛，秉承善心

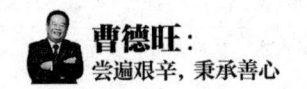

　　此时的福耀，已成为国内最大的汽车玻璃供应商。公司内从上到下，都一致认为福耀已经走过了几年辉煌历程，是时候多元化、国际化、集团化发展了。曹德旺在感慨于企业的发展同时，也在思考福耀未来的发展在哪里。

　　当时正是多元化经济在中国大热的时期，本着"不把鸡蛋同时放在一个篮子里"的原则，炙手可热的房地产成为曹德旺选中的第一个新兴产业。经过董事会的一致决议，福耀拿出2500万元，用于投资福清市的"福耀工业村"开发项目。根据开发计划，在福耀公司附近征地800亩，连片开发，兴建标准厂房、商店、住宅楼，形成高质量的汽车配件城。

　　福耀的多元化之路，想象很美好，现实却很骨感。工程一开工，曹德旺渐渐发现不是那么回事了。原定18个月完成整体工程，施工方做了近两年，才完成到地面两层的裙楼工程，而浇筑好的地下室更是存在严重质量问题，柱梁歪歪斜斜，漏水严重。

　　于是，福耀和施工方双双把对方告上法庭，工业村项目也只能暂停。但工程长期停滞的工业村项目，已经挤占了福耀大量的资金盘，福耀的资产负债率已经高达68%。作为刚刚挂牌的上市公司，账面亏损，自然对股价影响严重，曹德旺担心，福耀历经千难万险上市要在自己手上毁掉。

　　这是福耀发展过程中面临的第一个危机。为了解决现有的资金危机，曹德旺开始四处求解。

　　多方求助，终于在朋友的引荐下，曹德旺带着福耀的财务报表找到了香港交易所的一位总监,希望对方能够给福耀做个诊断,挽救福耀的危机。谁料,该总监一看福耀报表,丝毫不留情面地说:"你这是垃圾股!"曹德旺十分不解,总监坦诚直言:"你们这家小小的公司,竟然又做玻璃,又做装修,又做房地产,谁敢买你们的股票?"

一语惊醒梦中人,曹德旺很快明白了福耀的症状所在,并很快调整心态,态度诚恳地请对方指点迷津。看到曹德旺心性坚定,便认真指点了一句,他表示,投资者喜欢玻璃就会投资玻璃,喜欢房地产就会投资房地产,一家公司只有做到专业化,才能赢得投资者的青睐。他建议曹德旺,搞清楚自己最擅长做什么,其他的就重组掉。

曹德旺这下彻底明白了过来,下定决心,从此只做一片玻璃。

从香港回来后,曹德旺立刻安排工业村的重组退出事宜。但此时房地产开始跌下来,而福耀股票却刚挂牌。这时的福耀面临着一系列的问题:一是银根收紧,建设资金出现困难;二是连片开发的工业村,建了三年时间,盖了一座主楼,由于质量存在纠纷问题,已半停顿在那里,成了烂尾楼;三是原来参股的农村信用联社,因为政策因素,希望将原有投资人的股金撤回。

同时,原来汽车玻璃业务也因准入门槛低,全国一下子冒出几十家企业,效益急转直下,玻璃赚的利润还不够支付工业村的贷款利息,同时,日益激烈的汽车玻璃维修市场的竞争,还可能使这利润随时面临缩减的危险,这样资金链随时有断裂的可能。这时候,

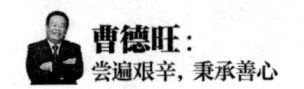

福耀面临着两个问题亟须解决：一个是工业村的项目被证明不行了，这个包袱怎么甩？另一个是甩完了包袱之后，福耀要做什么？两件事情都非常棘手，绝对不能坐以待毙。

最后，曹德旺按股转债的形式，将银行股份变成了福耀的贷款，之后再以个人股权抵押借款，以个人名义买下工业村，将负资产从上市公司福耀玻璃剥离，保证了福耀的良性运转。

经此一事，曹德旺明白了一个道理："太阳如此高的辐射却对人没有形成危害，便是因为照得太广太分散，如果用放大镜将它聚焦，足以点燃草木"。其实，在企业运营中，做减法比做加法更重要。企业要想成功，必须找到焦点，集中资源，专注、坚持，并做到极致。在明白了这个道理之后，曹德旺坚决回归专业化，全心投入到"只做一片玻璃"的主业中去了。

重组改造，一场由内而外的危机自救

福耀的盈利能力成为迫在眉睫的问题，而内部重组和改造似乎是唯一的解决方案。曹德旺在1994年用两年的时间开展了大幅度的改革，主要聚焦在两方面：轻资产、重营运。

福耀玻璃作为汽车工业行业的供应商，为车企和消费者提供优质的产品服务。福耀玻璃提供产品，一方面是为了满足车企的需求，另一方面也是为了满足消费者在个性化、优质化体验时的需求和体验感，从而提高消费者对汽车品牌的忠诚度和满意度，进而增加汽车行业与福耀之间的黏性。对于位于经济发展期的福耀来讲，如何针对产品消费过程来提升企业的盈利能力是非常重要的课题。

在经过认真的思考后，曹德旺确认了一个以实现福耀内部改革为最终目的的执行计划：一、必须对福耀内部进行一场以提高产品质量工艺为目的的升级改造；二、清理掉遍布全国的几百家销售

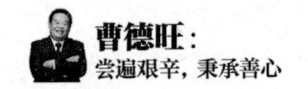

部,改直销为代销;三、改组公司董事会,引进董事制度以完善公司治理机制。

但如何才能顺利地推进改革,这个执行过程,再一次考验了曹德旺的执行力。

曹德旺遇到的第一个问题,就是如何推动玻璃产品生产线改革。曹德旺在1995年新厂建成后,便一直纠结于产品线改革问题,后来发现当时玻璃市场和公司内部管理层普遍认为"只要能卖出去就行,成本管控无所谓,一片玻璃上千元,成本几百元不叫事儿。"仅仅践行了销售最大化,却忽视了费用最小化,曹德旺却有着明显不同的看法。

1995年的时候,福耀厂房生产线的生产效率已经在曹德旺的管理下有了很大的提升,每平方夹层玻璃单耗从$3m^2$降到了$2.8m^2$,这已经比全球平均数字$2.85m^2$要好很多了。但曹德旺觉得这个数字还有精进的空间,向来执行力超强的他亲自在福耀的生产线上蹲了几个月,采集了大量的生产指标,最终分析出来,理论上要追求的目标应该是$2.26m^2$。这个目标一出,车间主任表示根本不可能。

但他坚持认为是可行的,随后,曹德旺通过不断地打磨生产,并引入了一个退役军官做公司副总,专门管理各层工序。两个月后,单耗做到了$2.3m^2$。这个成果的出现使得抓住主业的福耀玻璃无论是产品质量还是成本释放,都领先了同行一步。此后,营收增长幅度和毛利率增长幅度都呈现大幅度增长,降本增效后福耀逐渐迈入正轨。

解决了生产线问题，曹德旺又马不停蹄地在福耀内部引进独立董事制度，聘请专家担任公司董事会的独立董事——这一做法，在当时的中国资本市场首开先河。曹德旺聘请的第一位独立董事，就是清华大学技术与经济管理系的仝允桓教授。

提高产品产能，优化内部管理机制和制度，福耀逐渐朝着一个规模化的供应商企业的平台向前发展。

最后剩下的就是解决福耀遍布全国的几百个经销部。怎样才能取消这些所谓的分公司？考虑到如果全部取消，福耀现在赖以生存的产品还需通过这些经销渠道走。从调研结果看有存在的必要性，但需要在公司和他们之间砌一道防火墙。也就是说，要达到既保留其为公司服务的目的，又要避免他们出问题时株连公司。

曹德旺最终选择了改产品直销为代理销售。而第一步，必须要解决的就是代理商资格问题。代理商必须有属于他自己的商店或公司。为此曹德旺专门设计了一个方案：将遍布全国的几百家经销店卖给现在负责经营的人。

方案设计好后，曹德旺将遍布全国几百家经销部的负责人召回公司开会。在会上，当曹德旺提出这方案时，经销商表示是好事，但都愁没钱，买不起。

"谁说买不起？在座的各位都买得起。"曹德旺解释说，"首先，我们所售标的物按现在账面60%计价；第二，款项分3年付

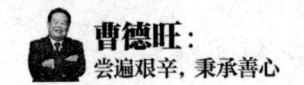

清；第三，代理协议价，按集团定价70%结算。前置条件是，各店不能用福耀分公司名义对外，但可以挂福耀授权代理销售的牌子。"最后，曹德旺用3个小时的时间卖掉了90%的经销部，余下几家较复杂的，经两天也处理掉了，这一步的完成最终让曹德旺彻底完成了福耀的规范化管理改革。

见微知著，知危不危

做企业总要经历大大小小的危机，想要做成一家基业长青型企业，企业经营者必须具备精确判断未来方向的智慧，注意观察自己周遭的情况，并搜集有效的数据信息，通过推演作出正确的判断，预测出未来的走向。相应的，应对危机也是最考验一个真正优秀的经营者的智慧，最能见证一个企业家的精神、胆识与洞见能力的。

而这些，曹德旺都做到了。

曹德旺一直认为，作为一个优秀经营者，必须具备精确判断未来方向的智慧。曹德旺很喜欢把自己对经济信息预判的过程称之为"观天象"。在他看来，很多信息都存在于宏观层面中，因此常常会被人们所忽略。但曹德旺非常注意这些，他会看各类报纸杂志，甚至在每天上下班的路上都会抽出时间来听车载收音机播报的新闻。看到、听到的这些来自各类媒体的各类信息，经过收集消化，就变成了他"观天象"的依据。

曹德旺：
尝遍艰辛，秉承善心

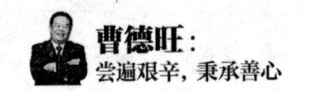

2006年，曹德旺提前预见到金融危机就是在日常信息搜集中汇总得出来的。当时，他从日常搜集到的信息中察觉到了我国出口贸易与国外摩擦有加剧的迹象，当时国家宣传机构释放的信息是人民币汇率有限浮动。他判断，人民币会升值，而首当其冲的是以出口为生的中小微制造企业。为了验证自己的判断，他每两个月就跑一次福耀在广东的工厂基地，特意找当地的干部聊天，了解他们管辖区内的小微企业的现状，得知几乎每天都会有企业倒闭。有的一夜之间老板跑路了，还有些企业蒸发了政府都不知道。

征兆已经很明显，在2006年的年底曹德旺确认危机就在眼前。福耀该如何面对？曹德旺在当下的局势作出判断的同时就瞬间作出了降本自救的准备，想要与危机到来的时间进行赛跑。2006年12月，曹德旺向全体员工发出危机警告，并出台四条措施：在建工程扫尾，停止一切扩张性再投资，促进现金回流；全面清理应收账款，收窄销售信贷规模，严控风险；做好足够思想准备，必要时关闭低效益或亏损企业；展开一场旨在提升产品质量、降低成本为目的的全员培训，推动精细管理。

2007年曹德旺与韩国KSA（韩国标准协会）签订培训合同，启动精细管理，学习了六西格玛管理法则。所谓六西格玛，就是通过拆解生产步骤，改善设计流程从而提升良品率的一种管理方法。普通企业标准为三西格玛，良品率93.3%，而理想状态的六西格玛能够将良品率提升到99.9996%。看似差距不大，但是应用于规模大的生产企业，降本增效的效果就十分可观了。

福耀通过引进六西格玛提升精益管理能力，深耕在汽车玻璃赛道，成本率有了明显的下降，2008年12月，和2006年同期比，成本下降了20%。福耀通过进一步完善经营管理，降低了福耀各个生产环节的成本。

2008年，我国举行奥运会，全国人民热情高涨，股票经济更是一路看涨，福耀的财务向曹德旺提出了增发股票的建议。但此时的曹德旺却从政府拉动内需的举措中精确地捕捉到经济增长下行的信号，并预判出经济危机即将到来。之后，再三思考后的曹德旺作出了关掉4条建筑级浮法线的决定。曹德旺在福耀内部会上宣布，第一条，最先关掉福清3号线，计划在9月份执行；第二条，关闭双辽1号线，安排在10份执行；最后关掉海南工厂的两条线，计划是11月份执行。

曹德旺的做法让福耀的高管大跌眼镜，很多人站出来劝说他，4条浮法玻璃生产线，总价值22亿，虽然现在效益低了点，但不至于关掉啊。财务的领导甚至向曹德旺提起了福耀股改时的对赌协议。

按照协议上的规定，福耀需要承诺连续三年，每年利润增长30%。如果不能实现，曹德旺就需要每10追送1股。而在2008年之前，福耀在2006年和07年已经连续两年实现了30%的增长目标，而如果不关闭这4条生产线，依照预期2008年也一定能实现增长目标。但如果关闭4条线，搞减值准备，曹德旺要追送7000万股，按当时的市值估算，人民币在22亿元左右。作为公司的法人，曹德旺

曹德旺：
尝遍艰辛，秉承善心

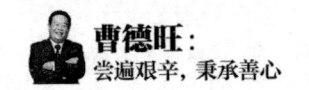

没有选择保住自己的资产，但他始终坚持自己的判断，选择保护公司以及其他股东的利益。

最后，在集团管理层的反对声中，曹德旺坚持作出关停的决定。经过一年的调整与努力，福耀的玻璃生产线成品率提高了10%，成本下降了15%，另外，公司的现金储备达到历史最高，有足够的底气应对风险。2008年9月，如曹德旺预判的那样，经济危机果然爆发了，股票开始直线向下，入10月份最低达到了1664点。这时，所有人都开始佩服曹德旺的远见，也终于认识到形势的严峻，一场更加激烈的整改在福耀全面掀起。

金融危机爆发后，依靠曹德旺的预见性，福耀不仅能安全地活下来，还尚有余力能够帮扶上下游产业链。当时通用公司陷入泥潭申请破产，很多供应商采取了断货措施。福耀美国事业部向曹德旺发来这一报告，曹德旺回复：只要通用有需求就全面满足它，没有我的命令不许断货。当时也有人提出了质疑，通用公司已经陷入严重的经济危机，都已经申请了破产11条，曹德旺为什么还要坚持供货呢？

在曹德旺看来，美国通用汽车公司不但不会破产，另外还会获得免死金牌，顺利度过这次危机。

他给出的理由是，第一，美国人的生活离不开汽车，每年全美国需要2000万的汽车来维持更新，如果没有三大汽车厂，这些需求任务没人能承担下来。第二，三大汽车由零部件、汽车厂、销售与服务组成的产业体系，承载着500万从业人员，如果破产，想要安顿这些人，你需要2000亿美元，但现在三大汽车公司只需要几百万美元就可以顺利度过这次危机，所以美国政府不管出于何种考虑都不会不救三大汽车公司。另外，曹德旺还直言，三大汽车厂这次危机主要还是没有储备适应市场需求的节能型车的问题。以前油价很低，消费者不考虑油耗的问题，现在油价上涨，给汽车市场来了个措手不及。

2010年，有驻美记者回国，见到曹德旺时说："2008年我们收集到的信息，正是您研究的大意，这也就是当时美国的财政部争论的焦点，您所说的也正是他们的意思。"曹德旺的特立独行，一方面是基于对福耀实力的自信，另一方面是曹德旺对通用公司不会破产的精准预测。而事情确实就像曹德旺预测的那样，通用公司在这场危机中活了下来，而福耀也因为这次"雪中送炭"的举措赢得了通用公司的尊重和信任。

对于自己对于危机的预见性，曹德旺是这样说的："任何事情有因就有果，关键是我们能不能找到藏在各种果中的因，认真观察，因，总是有蛛丝马迹可寻的。"

其实，对于企业来说，危机应该是一种常态。尤其是当企业进入稳定发展阶段，看起来一切一帆风顺之时，恰恰是需要敲响警钟的时候。任何一家企业，无论成立市场长短、规模大小、保持高度警惕，拥有危机意识，才能在快节奏的发展中跟上时代发展的步伐。

在市场经济的大环境下，企业的竞争其实就是一个优胜劣汰的

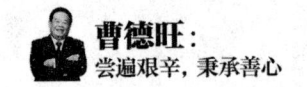

过程，但这个过程并不是恒久性发展的，而是一个相关转换的动态过程。所有的优胜权都取决于掌握企业命运的企业掌舵人是否有警觉危机的意识、能力甚至是智慧。

　　古人云："安而不忘危，存而不忘亡，治而不忘乱存。"在经济社会的今天，企业家们都必须及时转换思维方式，居安思危，才能知危不危。要知道，很多企业都是因为不能及时预感到危机，才在激烈的市场角逐中丧失主动权，淹没在历史的洪流中。只有那些能够警觉的，能克服，能精准地在危机中存活下来的企业才能发展壮大！

进军浮法玻璃市场的前瞻眼光

1997年的一天，曹德旺接待了一位日本供应商，对方是印尼一家叫ASAHI的玻璃公司的总经理，ASAHI公司主要生产浮法玻璃。而他此行的目的就是来寻求曹德旺的帮助。

原来，当年泰铢贬值崩盘引发了一系列的东南亚金融危机，尤其是印尼，股市和汇市一路狂跌，货币崩盘，印尼盾市值几乎为零，但印尼的企业如果想要进行外贸交易就必须用美金，巨大的汇率落差使得很多企业破产。

ASAHI生产的浮法玻璃一旦交易就会亏本，因此仓库里的玻璃越堆越多。但尽管如此，ASAHI两条主要的生产线根本不敢也不能停下，因为一旦停下，几百名工人将失业，而技术工人的流失意味着企业将再无翻身之力。而这次这位日本总经理来见曹德旺就是来寻求帮助的。

曹德旺非但没有"趁火打劫"，更是表示可以国内当时的价

曹德旺：
尝遍艰辛，秉承善心

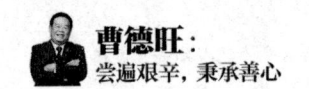

格每月向他们采购4000吨左右的玻璃来帮助他们渡过难关。看到这儿的人或许会感慨一句曹德旺的仁心，但事情真的这么简单吗？其实，当时的福耀作为国内最大的汽车玻璃制造商，每年的浮法玻璃需求在6万吨以上，可是福耀并没有生产浮法玻璃的能力，而且当时中国的浮法玻璃质量也无法满足福耀的技术要求，只能依靠进口，而满足需求的供应商只有2家，ASAHI公司就是其中一家。

选择帮助ASAHI公司，不仅是曹德旺的仁心，更是远见。

亚洲经济回暖后，ASAHI公司因为福耀玻璃的帮助，挺过了这个难关，而随着经济的复苏，特别是随着汽车制造业的崛起，浮法玻璃开始变得供不应求，价格更是一天一个样。曹德旺此前的帮助，让福耀玻璃不需要抢货，也没有加价，就能够每个月都有稳定的玻璃供应过来，这才得以看到曹德旺的远见。

其实，曹德旺也从这一次的事情中再次坚定了独立生产浮法玻璃的想法。

自福耀成立之日起，曹德旺就立志"为中国人做一片属于自己的玻璃"，在拥有浮法玻璃之前，这一片玻璃的原材料还把握在别人手里，福耀做的只是汽车玻璃的后加工程序，这一片玻璃还未完全"属于自己"。

此前，福耀的汽车玻璃原片材料主要是通过国外进口以及国内采购两种途径获得，通常来说，玻璃原片占汽车玻璃生产成本的1/3左右，但是，玻璃原片的运输、包装费用、尺寸不合导致的浪费及破损缺陷率占玻璃采购成本的15%以上。同时，国内汽车级别高端浮法玻璃生产数量本身偏少，加之几家可以生产这类浮法玻璃的企业本身也有汽车玻璃加工业务，玻璃原片受制于人早已成为福耀的"心病"。

因此，在重新确定专注玻璃产业的企业战略之后，曹德旺带领福耀除了在汽车玻璃市场继续开拓外，开始更加纵深式地发展，将目光瞄准了上下游一体化的扩张，也就是汽车玻璃的原片——浮法玻璃。

2002年，一个好消息不期而至。

这年秋天，位于吉林双辽的一家浮法玻璃厂濒临破产，该厂向当时筹备在长春建设汽车玻璃厂的福耀求助，虽然这家工厂并不能生产汽车级别浮法玻璃，但本着对玻璃市场的信心，曹德旺最终还是决定收购。

曹德旺收购双辽玻璃厂的消息传出之后，当年4月，距双辽不到100公里的内蒙古通辽，当地市有关领导赶到机场把曹德旺拦了下来，希望福耀也把通辽玻璃厂收购了。

曹德旺分析了这家工厂的情况，认为他们存在的问题与双辽玻璃厂差不多，也是高负债以及人员严重超编。原本一个双辽就已经够曹德旺头疼的了，再来一个通辽，实在是曹德旺没预料到的事情。

考察完通辽玻璃厂后，随同的所有人都不赞成收购。当天晚上，曹德旺考虑了许久，仍然下不了决心。没想到的是，考察结束的第二天早上5点，通辽市有关领导等在酒店外，一见面就问："曹

曹德旺：尝遍艰辛，秉承善心

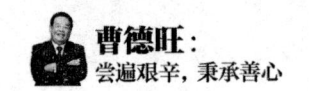

董，你们昨天开会研究得怎么样？"

"还没有结果。"曹德旺表示。"您一定要帮这个忙，如果这次您不同意，熔窑一放水就完了。"说到这里，这位领导表示，"这个工厂是我们市里的重点工厂，有两三千工人，如果倒闭了，这近两千员工怎么办？他们到哪里找活路？还有投资的几个亿就没了。"

此时，曹德旺心生感动，当即决定要把通辽厂买下来。但现实问题也是必须要考虑的，随后曹德旺又提出了两个要求：

第一，要到冬季了，冬储的材料没有进来，如果我现在调材料来面临过年通道的问题；第二，火车站接收问题、卸货问题，这一大堆问题要请政府帮我们的忙。

听了这番话，这位领导像卸下了一个重重的包袱，立即表示说："这是我们应该做的，我们政府会全部解决。"

随后，曹德旺马上召集了随行的福耀员工，召开了一次内部会议。会上，他向大家宣布了收购通辽玻璃厂的决定。一时间，引来了阵阵反对声。很多人都认为曹德旺的举措并不是一个明智的决定，还有人觉得曹德旺收购这两个玻璃厂花费的价格实在是太高了。

面对员工的质疑，曹德旺给出自己的解释。但在曹德旺看来，接手通辽玻璃厂虽然有自己的私心，但从行业预见性的角度上来看，其实是有长远价格利益的。

第一，在通辽厂最困难时，帮助他们，他们会记住我们的仁义，若以低价收购，则有敲竹杠、乘人之危嫌疑，这有可能会招致他们日后的不满，那以后办这厂子麻烦就多了，所以稍高点的价钱不是问题；

第二，通辽厂我们不收购，迟早会被别人收购，甚至是零价格。若这样落入了别人手上，通辽、双辽距离这么近，难免跟我们抢市场，造成恶性竞争，这样的话，双辽厂的日子肯定也不好过；

第三点，也是最重要的一点，通辽、双辽一起拿下来后，可以利用我们的管理、生产、技术优势，近距离互相协作，有规模优势，也许可以垄断东北的浮法玻璃市场。

曹德旺解释完，反对的声音全消失了。

双辽、通辽两家玻璃厂被曹德旺接管后，通过深入研究，科学管理，不但把两家玻璃厂救活了，还通过一次价格战，整顿了整个东北的玻璃市场，让一个进入死循环的产业起死回生。之后，曹德旺的双辽、通辽两个厂不仅清掉了库存，还赚得盆满钵满，连带当地的玻璃行业也被带上正轨。

从战略意义上来看，收购双辽和通辽这两家国有工厂可以被视为福耀的"战略性举措"。浮法玻璃在生产工艺上与普通玻璃相同，福耀可以通过收购了解上游生产并且积累经验。通过技术和管理改造，同样能产生很好的效益。

曹德旺：
尝遍艰辛，秉承善心

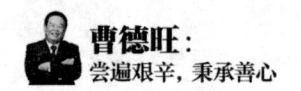

走出国门，打造世界品牌

　　正是因为对玻璃和制造业的坚守，曹德旺始终坚持全球化市场战略。海外建厂，就是曹德旺全球化布局的一个重要组成部分。福耀是全球最大的玻璃制造厂，承担了全世界汽车厂的车用玻璃生产，因此福耀必须要能在全世界进行生产，必须具备全球化供货能力。

　　1996年，曹德旺和圣戈班达成协议，圣戈班入股福耀集团，持有42%股份，成为控股股东，曹德旺继续担任福耀集团董事长。曹德旺原本想通过圣戈班先进的技术，能够帮助福耀集团进行国际化，进军海外市场。然而，圣戈班是一家国际化的公司，它选择与福耀合作只是为了更好地进军中国市场。在圣戈班与福耀3年的合作时间里，曹德旺的报告从未获得过一次通过。曹德旺这才明白过来圣戈班的真实意图，最终，在1999年福耀集团与曹德旺联手，出资3000万美元回购了圣戈班的股份，彻底脱离了圣戈班。

也就是这次失败的合资经历让曹德旺彻底坚定了走出国门，向海外寻求发展，打造国际化品牌的决心。

1994年下半年，福耀在美国的南卡罗来纳州购地，设立了福耀第一个安全汽车玻璃批发中心GGI，1995年建成仓库，1996年投入生产使用。可一年下来，GGI亏损严重。曹德旺专程飞往美国了解情况，并聘请了当地的市调专家进行专题调研，发现玻璃从中国运到美国，从码头到仓库，拆卸、分包、装运、卸载，每个环节，都有人工费用，运输费用产生。当体量足够大的时候，批发中心才是赚钱的。于是，他决定改分销模式为直销模式，GGI被关闭。

后来，吸取教训的曹德旺开始在全球各地分设销售中心。2006年到2008年，福耀在德国、韩国、日本以及美国都成立了中心机构，专门为当地市场的配套客户提供销售以及后续的客户支援服务。

曹德旺的每一步都走得很谨慎，前期是以小资本去做，通过销售的方式打开市场和品牌知名度，然后再考虑设厂，在国际市场上稳扎稳打，深耕市场。

福耀建厂的第一站是俄罗斯。

金融危机平息后，福耀也随之转危为安，全球市场份额大幅度提升。而此时，福耀也迎来了新的发展机遇：德国大众汽车是福耀全球合作伙伴之一，他们在俄罗斯建有工厂，装车所用玻璃是由福耀长春公司出口德国转俄罗斯的。这种模式已经三年了，按原供货协议承诺，福耀应在大众在俄罗斯工厂投产满三年后，在俄建厂为

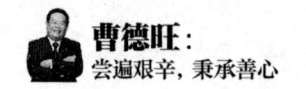

他们在俄罗斯的汽车装配厂提供零件。

2011年7月，经过前期漫长的考察后，曹德旺选择了俄罗斯首都莫斯科西南部的卡卢加州作为福耀玻璃的首个海外生产基地，投资总额约2亿美元。2013年9月，福耀集团顺利完成一期目标，设计产能为年供应100万套汽车安全玻璃。自此，福耀集团通过在当地设立子公司，在亚洲、欧洲和北美主要市场成功布局，国际化程度逐年提升。

2014年，是福耀国际化市场战略具有标志性的一年。而在这之前的2012年，福耀玻璃的大客户通用汽车也提出了要求，在2017年之前，福耀玻璃必须在美国建一个工厂，这成为福耀谋求海外建厂第二站的契机。

2013年，曹德旺把美国建厂的事情提上了日程。他先后考察了美国的阿拉巴马、田纳西、肯塔基以及密歇根等等。最终，福耀在这一年内完成了两个工厂的建设计划，海外布局明显加快。

2014年上半年，福耀集团收购了通用汽车位于俄亥俄州代顿市的一家老工厂，在此基础上，福耀在俄亥俄州成立了福耀玻璃美国有限公司。据相关报道称，截至2016年，该工厂的车窗玻璃的生产每年可供应400万辆车。

此后，凭借对国际市场规则的熟悉，曹德旺持续与国际汽车制造企业加深合作，打破国际汽车界通过设计为中国玻璃行业制定的技术壁垒，不仅成功让福耀加快了迈向国际化品牌的进程，还拓展出了一条中国企业"走出去"的新路。

呼吁企业自救，拒绝超负债运营

2022年7月，曹德旺在第十四届中国汽车蓝皮书论坛上，谈到了全球供应链问题给汽车企业带来的困难，并表示美国等国家也在遭遇零部件供应危机。在谈到国内的实业企业该如何度过这样的艰难时期时，曹德旺掷地有声地说："中国是中国人的中国，我们不要等待国家救我们！"

此前，曹德旺在受邀参与央视《开讲啦》节目时也曾坦言：很多企业在出现问题之后会责怪政府不作为，不救自己。要知道国内的企业家精英加起来不到1亿人，但是全国还有12亿人。企业家等国家来救，那另外的12亿人应该指望谁救他们？

作为在改革开放的洪流中成长起来的实业企业家代表，曹德旺一直提倡企业家要学会冷静对待变革，学会自救。

早在2019年，在《中外管理》杂志"第28届中外管理官产学恳谈会"演讲中，就有听众向曹德旺提问"经济下行，企业如何活

曹德旺：
尝遍艰辛，秉承善心

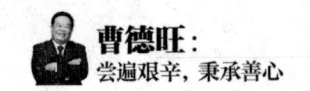

下去？"曹德旺给出的答案是："你（企业）想活下去，就能活下去"！算上2008年遭遇到的行业寒冬，这是福耀第二次遇到如此大规模的危机。而用曹德旺的话说，就是困难一定会远超之前，这意味着，国内企业的压力远远不止暂时。

所以，不管是在海外投资建厂，还是在国内坚守阵地，对于国内企业来讲，如何让自己活下去，活得好成为非常重要的课题。

在现代企业的运营中，企业的运作和资金挂钩，很多时候需要靠融资和贷款的方式支持企业运作，公司成长到某个地步能够做到低负债运营本就是一件十分考验能力的事情。而曹德旺对福耀最满意的一点就是始终能够做到零负债运营，这也是福耀几十年来能够成功地从一次次"缺钱"的危机中"活下去"的秘密武器。

提到"缺钱"，曹德旺表示自己在创业初期也并没有受运气眷顾，他一样经历了一直亏损甚至血本无归的残酷。他甚至自嘲"什么苦都吃过，过穷日子，更知道贫穷是什么感觉"。但从早年仅仅是卖玻璃到后来花了十几万进行工厂改造转为专做汽车玻璃，做维修市场，曹德旺靠的就是"自救"。

尤其到了进入1990年代后，国内汽车业开始快速发展。福耀玻璃也赶上了好时候。"那时候一片成本只有几十块、一百块的玻璃可以卖两三千块钱。我把一年赚来的钱再用来建一个新的工厂，慢慢地，一直这样循环往复地做起来。"。

除了做好自己的企业，坚持零负债运营的同时，曹德旺在那几年也开始不断地对民营企业进行实地走访，希望能够帮助他们找到问题，度过寒冬。2018年，在曹德旺连续到重庆、山东调研过一些企业后发现了他们存在的一个共同问题：资金短缺，负债严重。

让众多企业深感头疼的一个问题就是：看报表数据，其他应收款、固定资产投资、其他投资全都正常，为什么就是没有钱？没有现金？

"其实，他们就是投资过头了。"曹德旺一针见血地指出了问题所在，他随即解释道"民营企业缺两样东西，一是缺乏适合的能够进入市场并很快盈利的产品，一是缺资本金，按照国际银行贷款规定自有资本必须保证在30%以上，如果企业连30%的保证金都没有了，银行自然不会再贷给企业。"

想要度过寒冬，就一定不能超负债运营。曹德旺建议那些出问题的企业，不要做无谓的等待，也不要再等着银行贷款。只有卖掉一家公司，把总资产降下来，换掉一部分债务，平衡资产，才能满足保证金额度，银行才会考虑给你贷款，企业才能重新盘活起来。

2019年可以说是企业真正的寒冬，越来越多的企业深感活下去很艰难，更怕资金链断裂，资金链一旦断裂一切都会归零。对此，曹德旺也一直在鼓励企业家们一定要坚持，他表示，企业要坚定信念地活下去，才不会被淘汰。不要总想着借钱，要自强不息地活着，自己救自己。这样才是对企业、对社会高度负责的态度。

从2019年到2022年，曹德旺不断地呼吁企业不能超负债运营。在曹德旺看来，这次的疫情给世界经济，尤其是中国企业带来的危机是非常严重的。同时他指出"2022年是拐点，会是更加困难

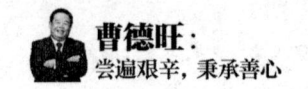

的一年。我建议大家要小心，美国2008年的危机并没有解决而是被粉饰太平。目前全球经济并不乐观，都是没有钱造成的，我希望我们的同胞接受这个现实"。

当问到当下是否有什么建议给到创业者，曹德旺善意提醒：我建议民营企业家们不要指望谁来救你，谁都没办法救你，就是我亲兄弟也没办法救。创业者现在要有理性，不要乱买，企业的负债率不能超过30%，超过30%非常危险。

尽管企业家听起来是一个遥远的身份，但是在中国也拥有1亿人的数量，这个庞大的群体当中也有参差不齐的水准，但是企业家们应该更加注重提升自己的危机意识，拒绝超负债运营，更重要的是要加强环境适应能力和选择能力。学会放手和选择对于适应环境变化与企业家的运营是有非常大的好处，这是环境变化下的对策。但从对策的提供上看，不管是企业的困境还是政策应对，都要求企业家的能力，归根到底能够拯救企业的是企业家本身。

第九章

首善佛心，财富成就首善之路

《易经》里有这样两句话："天行健，君子以自强不息，地势坤，君子以厚德载物。"而这或许就是对曹德旺慈善之心的最好描述。在曹德旺看来，他的一生都在坚守两件事情，一是做事，整合资源抓住机会，做企业赚钱；另外一件就是做人，慈善是磨炼自己的心性，让自己学会做人。换种说法，做企业赚钱，需要的是努力奋斗，自强不息；而做慈善帮助他人，则是培养自己的德行，厚德以载物。也正是，赚钱和慈善，这两件事相辅相成，像两个轮子载着福耀这驾马车一路前行，曹德旺的人生才走得这么平稳成功。

曹德旺：
尝遍艰辛，秉承善心

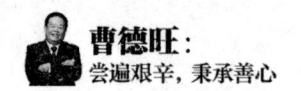

做企业就是在施善

2016年9月9日，在第二届"全球社会企业家生态论坛"上，曹德旺出席并发表了《做好企业是最大的慈善》的主题演讲。

他说："不管做什么，都必须培养一种自信，成功贵在自信！想要做到自信，就要做到入角。在人生的舞台上，我是企业家，扮演着企业家的角色，你既然承认，就想办法进入角色。我是企业家，社会平民普通百姓的一员，没有什么特殊的。我做了很多的慈善，我很低调。我认为任何法律法规对我都是非常有力度的。作为企业家这个角色，做的第一件事情要敬天。敬天不是看到的那个天，天是宏观的、很大的，这里包括生态环境等。孙中山写了一个字叫"博爱"，我后来想了想觉得对，当你把你所有的爱献给别人、社会时，你就会被别人、社会所爱。你如果恨全天下人，全天下人肯定恨你。"

曹德旺非常坦然地说道，"我感受很幸福。我认为，做一个人，真正的幸福就走到哪里都受到人家的尊重，这是最大的幸福，我很自豪地说，我在国内和国外都受到各界对我的尊重，所以做慈善我感觉到是太美的事情。"

在提到给年轻慈善家一些建议的时候，曹德旺亦表示，"我也想告诉年轻的企业家，任何事情都应该量力而为，不能勉强，做慈善不是捐钱，捐钱只是很小的一项，你可以看到，有需要帮助的人，地位比你低的人求你的时候，你能够做到笑脸相迎，倾听他的诉求，在力所能及的情况下，帮人家一把，这也是慈善，而且是非常大面积的慈善。"

曹德旺的这番话里表达了自己对慈善事业的真实看法，曹德旺的表述非常诚恳，也直接地说明了他是真的把自己的事业当作慈善在做。

作为改革开放成长起来的第一批企业家，曹德旺已经在制造业坚守了四十余年，福耀玻璃在经过不断努力和奋进后，已发展成为大型跨国工业集团，在全球11个国家和中国16个省市建立了产销研基地，市场份额全球第一。但谁能想到，他曾经真的动过出家的念头。

没有出家的曹德旺自此便更加专注自身事业发展。他说："佛家讲，布施有三种，一种是施财，只是捐款，是有钱人应该做的事情，功德是最小的。"在他看来，这些布施只能是算是"小善"而他更青睐的是"造血式"慈善。他认为，办好企业，做大做强企业，就是最基本、最大的慈善。因为它能创造更多的就业岗位，能

曹德旺：
尝遍艰辛，秉承善心

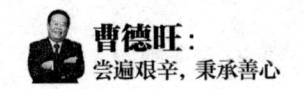

实现更多的税收。目前福耀集团吸纳2.1万多名员工，带动上下游30多万人就业。

对于企业家来说，做好自己的行为规范就是最大的慈善。因此企业家要扮演好自己的角色，做慈善先把企业做好。

在曹德旺看来，员工是能够创造社会财富，产生剩余价值的。因为以一颗仁爱之心关爱员工，善待员工，是曹德旺认为慈善应有之举，是"大善"。

曹德旺不仅为员工安排好各种社会保障，工资水平常年超出当地企业水平的14%。他还非常重视和保护福耀股东的广大股民的利益。慈善，并不只是简单的捐款，更多的是站在国家利益的角度去参与社会问题的思索和解决。社会问题中，最头疼的就是分配问题。分配有一次分配、二次分配。一次分配是通过大环境来分配，而保护股民的利益，就是保证更多人的一次分配的利益，同样是做好事，行善举。

福耀公司上市以来向股东分配的红利为向资本市场募集资金的2.3倍。福耀公司自上市以来，始终是上海证券交易所的绩优蓝筹股和重要指标股。2009年福耀集团获上海证券交易所评出的年度公司治理专项奖，福耀玻璃工业集团股份有限公司名列其中，其获奖理由是：福耀玻璃董事会秉持"发展自我，兼善天下"的理念，高度注重投资者回报和社会责任，其环境行为已与世界发达国家的先进企业接轨，成功实现了公司利益和社会利益的共同增长。

"发展自我，兼善天下"。公益是每一个人的事情，公益只是方式和手段，不是目的，目的是社会的稳定和谐。当越来越多的企业家能够把企业经营作为大善之事来经营时，也是在用另一种方式来培养每个人的境界。而当企业发展越大，越长久时，整个社会就会变得更加和谐。社会和谐稳定了，才会有长治久安，企业才能得到良好的发展。这或许就是曹德旺大善之心的初衷和愿想。

曹德旺：
尝遍艰辛，秉承善心

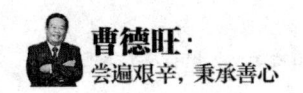

做公益不但要有善心，还要善治

曹德旺赚钱，花钱的过程一直秉承着佛家行善积德的传统。截至2022年，曹德旺累计捐款达到了260亿，是当之无愧的"中国慈善第一人"。

从当年的穷小子一直到成为屈指可数的企业家，曹德旺常常自诩道"我不是富豪，我只是个企业家"，他知道钱财的来之不易，从未把自己和那些含着金钥匙出生的富二代混为一谈，更深感到自身背负的社会责任感。

在这种责任心的驱使下，曹德旺始终坚持以善心待人，用作慈善来回报社会。

曹德旺在中国的慈善印记已经无法一一细数，但他说过的一句话足以证明："我已经捐出去了一半的资产，剩下的时间，希望把另一半也捐出去，留给子女的不应该是财富，而应是智慧和人品。"

但是毕竟是年少时吃过苦的人，曹德旺深知即使是很小的一笔钱也是一个人全部的希望。他说"授人以鱼不如授人以渔。"在做慈善上，他认为并不是单纯地把钱捐出去，那不是正确的慈善方式。因此每一笔慈善捐款，曹德旺都要保证这笔钱能够物尽其用。比如说，曹德旺在对外捐款的时候，为了确认捐赠款都是真正花在了需要的人身上，而不是"雁过拔毛"，他经常设立严苛的捐款条件，还常常亲自奔赴一线考察，确保这笔慈善捐款真的能够为当地作出改变。

曹德旺之所以能够意识到这一点，还要得益于他曾经为家乡捐款的事迹。在前文中提到，曹德旺做生意赚了小钱之后，曾被村民合伙赶出了村子。可是，即便遭遇了这种事情，曹德旺仍然心怀感恩，坚持为村庄捐款，每年50万元的善款。

相较于曹德旺的捐款总额，50万元算不上多。因此，不少人拿这一点来抨击曹德旺，认为他对自己当年在村子里被排挤的时候怀恨在心，故意不为村子多捐钱。

然而，事实真的如此吗？其实，曹德旺每年只给村子捐款50万，不是为了报复村民当年做过的事情，而是为了整个村庄的长远发展。在此之前，曹德旺曾给村子捐过一笔巨款。

然而，这笔如同从天上直接掉下来的财富，不仅没有为村庄带来太大变化，反而还让村民养成了好吃懒做的习性。任何事物，一旦能够轻而易举地收入囊中，人们就很难对它产生丝毫的珍惜之情。曹德旺也就是在这时才意识到盲目地为村民捐款而不考虑当地

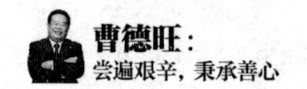

的实际发展情况，对他们而言并不是一件好事。

考虑到这一点后，曹德旺改变了自己的捐款策略，仍旧每年为村庄捐款50万元，但这笔善款只被主要用来修建家乡的道路以及提升村子的教育质量。

也就是从这件事情以后，曹德旺开始追究善款的去向，对自己的捐赠都会仔细查究，以便让每一分钱都落到实处。

2010年，适逢中国西南地区遭遇历史特大旱灾，曹德旺当即捐款2亿元，委托中国扶贫基金会执行，助力西南五省受灾贫困村农户的生产生活恢复。

在捐款协议中，曹德旺提出了"史上最苛刻"的条件，要求扶贫基金会在半年内将2亿元善款发放到西南五省5820个自然村的近10万农户手中，每户2000元，手续费控制在3%以内。同时，曹德旺自行组织独立的监督协调小组进行随机抽检监督核查，如抽样检查不合格率超出1%，则要按照协议进行缺损比例的30倍予以赔偿。若在协议约定的到期日，账上仍有未能发放的捐赠余款，这些善款将被全部收回。此外，在这笔善款中，仅有3%作为管理费，远低于国家允许的"捐款总额的10%"。

在曹德旺的严苛要求下，两个亿的捐款在半年内成功发放到了10万农户手里，并且差错率不超过1%。这两个亿的捐赠执行合同，开启了中国公益捐款问责机制，开创了全程透明的公益模式，也为更多奉献爱心的人提供了监督的方法。

一面乐善好施，对捐赠一掷千金，一面又层层把关，对款项经营"锱铢必较"。不知不觉中,在曹德旺严苛的监督之下,慈善组织被"逼"出了高效,公益被"逼"出了效益的最大化,换言之,慈善的公信力也被"逼"了出来。或许这也就是曹德旺一直期待能够吸引更多慈善家、企业家关注的事情。

曹德旺：
尝遍艰辛，秉承善心

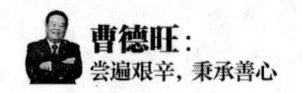

心怀大爱，建立公益基金

2010年，曹德旺主持的河仁慈善基金在北京正式成立。这是中国首家以捐赠股权的形式支持社会公益慈善事业的基金会，也是我国目前资产规模最大的公益慈善基金会。无论是对曹德旺本人来讲，还是对中国慈善事业来讲，河仁慈善基金会的成立都具有里程碑式的意义。

2007年5月，曹德旺将家人聚集在一起，开了一个小小的家庭会议。在会上，他第一次提出将福耀玻璃60%的股份捐出去做慈善基金会的想法。在这次家庭会议上，曹德旺一改严肃的企业家形象，他对儿女们说："爸爸这么大年纪，准备退休了。你们自己要努力，不要指望我留很多财产给你们。"

意外之外又在情理之中的是，曹德旺的夫人以及子女都非常支持他的决定。就这样，捐赠股票成立基金会的事情就这样在家庭内部通过了。接下来，曹德旺就开始筹备基金会的事情。2007年

8月22日，福建慈善总会会长张明俊把曹德旺的决定呈报省长和书记，一周后，后者都做了批示，表示大力支持，配合曹德旺去申请。

曹德旺于是奔赴北京，跑手续，但是相关部门的人告诉他这不可能，民政部不会接受股票捐赠。紧接着，美国次贷危机初显峥嵘，曹德旺预测冬天即将来到，马不停蹄准备过冬，关闭了四条福耀玻璃浮法生产线，基金会的事情也就被暂时耽搁下来了。

其实，按照曹德旺的回忆，捐赠股票成立慈善基金会的想法，很早之前就在他心中扎根了。

2006年，曹德旺的母校——福清市高山中学举办50周年校庆，曹德旺捐赠了500万用于修建了新的教学楼。在教学楼落成仪式上，福建省慈善总会长张明俊提出了"冠名留本慈善基金"的建议，"本金自行运作，每年捐息用于慈善事业"。

这是曹德旺第一次听到这种说法，也让曹德旺看到了慈善的另一种可能。而真正让曹德旺决定捐股票做河仁基金会的是另外两件事情。

2008年正值金融危机，他对经济陷入寒冬的原因进行了分析，最终得出的结论——国家"贫富两极分化太厉害"。于是，他在思考如何能够通过第二次分配的方法来帮助政府解决这个问题。很快，他就梳理出了新的思路：

"我认为我们作为企业家应该带个头，就是把钱换出来，送给没有钱的人。弱势群体能够有收入的话，就提高了购买力，小企业

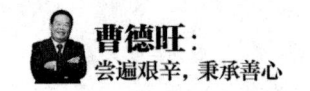

就有活干了。小企业有活干的话，大企业，做电的、做材料的也就给我们提供材料，他们就有活干了，就带动起来了。"

另一件事情则是曹德旺2008年底受邀去丰田访问。他得知丰田家族如今仅仅持有丰田百分之零点零几的股份。但是，日本人还是把丰田的第四代孙推上社长的位子。

"日本人还是信仰丰田，丰田的企业管理做得很好，对社会做的贡献很大，虽然现在他不控股，比他股份大的股东多得多，但是人家不承认你是什么股东不股东，不是承认你钱的问题，而是承认你先祖一贯的作风。他的孙子管理能力很强，但是也不一定就是几十万人当中的第一。这是一种崇拜，丰田家族在全世界人的心目中都是非常伟大的。"

丰田的经历，让曹德旺消除了在捐出股票以后曹氏能否继续掌控福耀的疑虑，他回来之后就再一次着手基金会的事情。

2009年2月12日，福建证监局例行的年度证券期货监管工作会议上，曹德旺宣布捐出自己所持福耀集团70%的股份，但因为涉及全面收购要约，改捐为60%，基金会成为福耀集团第一大股东，曹氏家族成为第二大股东。

一个月后，曹德旺向国务院侨务办公室提出申请：希望以股捐形式成立河仁慈善基金会，挂靠在国务院侨务办公室之下。

经过努力的协调和沟通，曹德旺最终决定把捐款数额定在了4.5亿股，以确保福耀玻璃的大股东不会变成河仁基金会。

2010年6月，河仁慈善基金会终于成立。慈善基金会的成立，对于整个中国慈善事业都是一件具有标志性意义的事件——它开创了全新的民间慈善模式：由民营企业家捐出自己拥有的公司股份，每年用股权收益投入慈善事业。

河仁慈善基金会成立之后，有关曹德旺的此举，有很多质疑的声音，但曹德旺却做出了一个令人惊讶的承诺：将适时退出，交予专人管理。

"找专业机构来执行花钱是最省事的。"曹德旺说，这样他才能脱身做企业。"我谁都不相信，连我自己也不相信，我只相信制度。"他说，成立后的河仁基金会一直靠制度在运作。4个月后，曹德旺就退出了基金会。

自此，股捐的大门被曹德旺正式开启。和众多公益组织一样，曹德旺将"透明"看作基金会的生命，而他更是将透明作为河仁基金的标准细化——每一分钱的去向都要让社会知道。

据不完全统计，河仁慈善基金自成立以来累计捐赠超过15亿元人民币，范围涉及扶贫、救灾、环保、助学、公益传播与研究等多个领域。其中，单单是支持湖北省、福建省开展阻击新型冠状病毒感染的肺炎疫情专项，河仁慈善基金就捐赠了人民币1亿元。

2021年，抱着"瞄准制造业高端技术短板、培养产业工匠式领军人才、建成一所在国内外有影响力的高水平大学"的一腔热血，曹德旺又以河仁慈善基金的名义捐出100亿发起了福耀科技大学的创建。

曹德旺：
尝遍艰辛，秉承善心

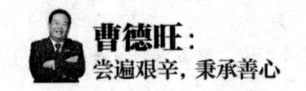

　　在曹德旺眼里，慈善是企业家应尽的责任。一个优秀热心慈善的企业家，也应该把企业管理的经验运用到慈善管理中去，让慈善事业发挥更大的效能和更健康地发展。